AF473085

2,75

MANUEL PRATIQUE

D'ANALYSE BACTÉRIOLOGIQUE

DES EAUX,

PAR

LE Dr MIQUEL,

Docteur ès sciences et en médecine,
Chef du service micrographique de l'Observatoire municipal de Montsouris,
Inspecteur des établissements classés.

PARIS,
GAUTHIER-VILLARS ET FILS, IMPRIMEURS-LIBRAIRES
DU BUREAU DES LONGITUDES, DE L'ÉCOLE POLYTECHNIQUE,
55, Quai des Grands-Augustins.

1891

MANUEL PRATIQUE

D'ANALYSE BACTÉRIOLOGIQUE

DES EAUX.

IMPRIMERIE GAUTHIER-VILLARS ET FILS
16870 quai des Grands-Augustins, 55, Paris.

MANUEL PRATIQUE

D'ANALYSE BACTÉRIOLOGIQUE

DES EAUX,

PAR

LE Dr MIQUEL,
Docteur ès sciences et en médecine,
Chef du service micrographique de l'Observatoire municipal de Montsouris
Inspecteur des établissements classés.

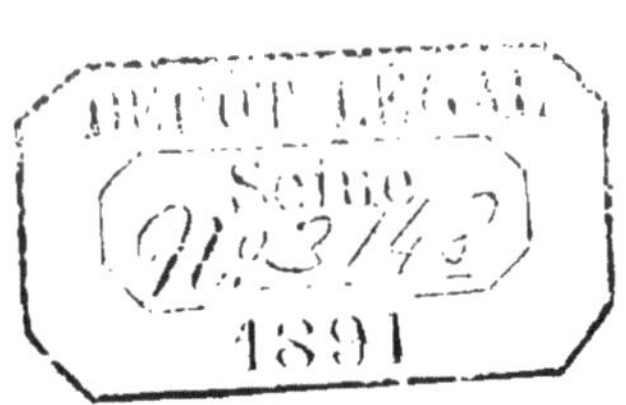

PARIS,
GAUTHIER-VILLARS ET FILS, IMPRIMEURS-LIBRAIRES
DU BUREAU DES LONGITUDES, DE L'ÉCOLE POLYTECHNIQUE,
55, Quai des Grands-Augustins.

1891

INTRODUCTION.

Bien qu'on eût compris, depuis les travaux de M. Pasteur, tout l'intérêt que pouvait présenter le dosage des bactéries répandues dans les eaux, ce n'est guère que depuis quatre à cinq ans que ces analyses sont entrées dans la pratique journalière des laboratoires de bactériologie et des instituts d'hygiène.

M. Pasteur, auquel nous sommes redevables de si belles découvertes en microbiologie, n'a pas abordé la question du dosage des bactéries; il s'est borné à dire, dans une Note communiquée en 1878 à l'Académie des Sciences à son nom et à celui de M. Joubert : que les eaux de source sont dépourvues de microbes; que les eaux distillées des laboratoires en renferment au contraire toujours; que les eaux de rivière, notamment de la Seine, sont fécondes à une goutte, et qu'à cette faible dose elles donnent naissance à plusieurs espèces de microphytes.

Presque simultanément, MM. Pasteur et Joubert en France, et M. Burdon Sanderson en Angleterre, fournissaient des indications générales sur la richesse des eaux en bactéries ; mais, pour être très utiles et très intéressantes à connaître, ces indications, il faut le dire, n'avaient rien de mathématique et ne sauraient être mises en parallèle avec les analyses qui se publient actuellement. On saisira, d'ailleurs, le vague des affirmations de ces divers auteurs quand on verra plus bas qu'une goutte d'eau de Seine puisée en amont de Paris contient plus de 1000 bactéries et que, en aval, ce chiffre peut atteindre 10000 bactéries, et souvent davantage, assurément assez de microbes pour exercer pendant de longues années la sagacité d'un savant qui voudrait étudier les fonctions biochimiques et pathogéniques de ces divers micro-organismes.

Les premières statistiques relatives à la richesse bactérienne des eaux furent publiées par moi en 1879, sous la forme d'un tableau comparatif comprenant : les eaux de condensation de la vapeur atmosphérique, les eaux météoriques, les eaux de la Vanne, de la Seine puisée à Bercy et les eaux d'égout. Depuis cette époque, j'ai eu la satisfaction de constater que ces travaux préliminaires étaient autant de jalons posés dans une voie aujourd'hui suivie par un grand nombre d'expérimentateurs; mais, je dois le rappeler, il y a onze ans, les analyses bactériologiques des eaux se pratiquaient uniquement dans mon laboratoire à l'Observatoire de Montsouris.

Actuellement, ces analyses doivent et peuvent s'effectuer partout. Aux procédés difficiles à appliquer et coûteux que j'employais à cette époque, il en a été substitué de beaucoup plus simples, je ne dirai pas de plus exacts. Dans les pages qui vont suivre, je me propose de décrire ceux qui, à mon sens, sont les plus pratiques et les plus dignes d'être recommandés, non seulement aux bactériologistes de profession, mais aux médecins, aux pharmaciens qui n'ont souvent à leur disposition qu'un matériel trop sommaire et peu de temps à consacrer à ce genre d'essais.

L'analyse bactériologique des eaux comporte cinq opérations bien distinctes :

1° Le prélèvement des échantillons ;

2° Le transport de l'eau prélevée ;

3° L'analyse quantitative ;

4° L'analyse qualitative ;

5° La lecture des résultats obtenus.

Notre étude se trouve donc nettement divisée en cinq Chapitres généraux que nous allons parcourir successivement et qui représentent, très exactement, les divers temps d'un essai bactériologique.

Dans sa laconicité, le titre du Chapitre IV (*Ana-*

lyse qualitative) indique le côté le plus difficile de l'analyse micrographique des eaux ; car, s'il est relativement aisé d'établir la teneur en centimètres cubes de telle ou telle eau en organismes bactériens, il est infiniment plus délicat de déterminer la nature des espèces dont elle a provoqué l'éclosion dans les bouillons ou dans les gélatines, et surtout d'établir le pouvoir pathogène des microbes éclos vis-à-vis de l'espèce humaine. Cependant l'analyse bactériologique ne saurait être comprise autrement aujourd'hui. Plus tard, l'industriel qui a recours aux fermentations pour la fabrication de divers produits utilisés dans l'alimentation, pour l'obtention de substances tinctoriales, etc., pourra également avoir besoin du bactériologue, afin d'apprendre de lui si les eaux qu'il emploie sont utiles ou nuisibles à son industrie : mais actuellement, je le répète, le point le plus essentiel des analyses bactériologiques est d'éclairer les populations sur la nocuité ou l'innocuité des eaux qu'elles boivent.

MANUEL PRATIQUE

D'ANALYSE BACTÉRIOLOGIQUE

DES EAUX.

CHAPITRE I.

DU PRÉLÈVEMENT DES EAUX.

Stérilisation des vases. — De la prise des eaux courantes, des eaux de source, de puits. — Prélèvement des eaux à diverses profondeurs. — Récolte des eaux de pluie, de la neige et de la grêle.

Le but qu'on se propose quand on veut étudier quantitativement et qualitativement les bactéries d'une eau est certainement de ne soumettre à l'observation que les bactéries tenues en suspension dans cette eau; d'où la nécessité d'éviter, par tous les moyens possibles, la contamination du liquide considéré par des organismes étrangers.

Cette simple réflexion fixe, déjà, l'expérimentateur sur la nature des précautions dont il doit s'entourer dans l'opération très importante du prélèvement des eaux.

Il devra n'employer à cet effet que des vases propres et stérilisés, c'est-à-dire ne contenant pas de matières organiques et purgés au préalable de tout germe.

Autrefois, je me servais de tubes ou de ballons effilés en pointe, scellés à une haute température, dont on cassait l'extrémité capillaire dans l'eau qu'on désirait prélever. Sous l'influence du vide partiel produit par l'air raréfié par la chaleur, l'eau se précipitait dans le tube ou dans le ballon qu'elle remplissait à moitié; cela fait, la pointe capillaire était de nouveau scellée. Cette façon de procéder est la plus exacte et la plus scientifique; mais, outre qu'elle n'est pas d'une application facile entre les mains d'un correspondant peu au fait des choses de la micrographie, les ballons scellés à pointe effilée sont fort fragiles, peu commodément transportables : aussi doit-on dans la plupart des cas leur substituer des appareils d'une manipulation moins délicate.

On peut employer à cet usage des flacons de verre de 100^{cc} à 200^{cc} simplement bouchés au liège et auxquels on aura fait subir le traitement suivant :

Les flacons, d'abord munis à leur goulot d'un tampon d'ouate, sont disposés dans un bain d'air dont on élève graduellement la température jusqu'à 200°. Au bout d'une demi-heure, on peut considérer les germes contenus dans l'intérieur des flacons comme irrévocablement détruits. Les flacons refroidis, on enlève, avec une pince ou un fil métallique flambé, le coton roussi, qu'on remplace par un bouchon de liège légèrement carbonisé à sa surface par la flamme d'une lampe à alcool ou d'un bec de gaz. Les flacons sont alors entourés d'une feuille de papier et cachetés dans cette enveloppe. C'est ainsi que je remets aux agents chargés du prélèvement des eaux que j'analyse les vases destinés à les contenir. Ces flacons restent indéfiniment stérilisés, d'abord parce qu'ils sont purgés de tout microbe et de toute humidité, ensuite parce que la partie extérieure de ces vases, surtout la fente circulaire qui sépare le goulot du bouchon, reste à l'abri des sédiments atmosphériques et de toutes autres impuretés.

Il va sans dire qu'en l'absence d'un four à flamber on peut soumettre les flacons, à l'autoclave, à la température humide de 110°; on arrive encore à les stériliser en les chauffant lentement en tous sens dans une large flamme, de façon à les porter quelques instants vers 250°. Dans ce dernier cas, on se servira avantageusement de petits ballons, de petits matras, de tubes à essais en verre mince; le risque de voir les vases se casser sous l'inégale répartition de la chaleur sera considérablement diminué.

Voici maintenant les diverses façons de prélever les échantillons d'eaux :

A. *L'eau est courante et accessible à la main.* — Le flacon stérilisé, débarrassé sur le lieu de la prise de son enveloppe protectrice de papier, est débouché et plongé à quelques centimètres de profondeur dans la masse liquide, le col du vase dirigé en amont de la rivière, c'est-à-dire en sens inverse du courant. Le flacon rempli est retiré de l'eau, bouché avec le bouchon de liège qu'on a constamment tenu au bout des doigts, sans l'appuyer contre les habits, le sol ou un objet quelconque.

B. *L'eau est courante et peu profonde.* — Il faut dans ce cas surtout, s'il s'agit d'une source, d'un drain émergeant du sol, prendre toutes les précautions possibles pour éviter de soulever le limon ou le sable qui forme le lit de la source ou du ruisseau.

Quelques eaux très pures jaillissent du sol avec une certaine violence en provoquant des tourbillons de sable et de matières vaseuses ou calcaires souvent souillées de productions microphytiques; pour avoir la composition bactériologique exacte de ces eaux de source, il est évidemment indiqué d'opérer le puisage à une distance assez éloignée de leur lieu d'émergence. Les sources de l'Avre qu'on va amener à Paris, et parmi elles la source des Graviers, présentent la particularité très gênante que je viens de signaler.

C. *L'eau est inaccessible à la main, stagnante ou courante.* — On désire, par exemple, puiser de l'eau dans la branche montante de son siphon d'arrivée de la Vanne au réservoir de Montrouge, dans l'aqueduc de la Dhuis, le canal de l'Ourcq, dans un puits, une citerne, un collecteur d'égout; pour cela, le flacon est lesté d'une masse de plomb, suspendu par le col au moyen d'un nœud coulant à l'extrémité d'une ficelle ou d'un fil métallique flexible, débouché et plongé dans l'eau à quelques centimètres de profondeur. Le vase plein est remonté, bouché, puis délesté et libéré de son fil suspenseur.

D. *L'eau circule dans une canalisation.* — Hors le cas des fontaines sans cesse jaillissantes, les robinets donnant accès à l'eau qu'on veut analyser doivent être grandement ouverts; à ce moment, il n'est pas rare de voir le liquide sortir vaseux et trouble sous l'influence d'une chasse énergique à forte pression, mais l'eau ne tarde pas à reprendre sa limpidité normale et à se montrer débarrassée des matières diverses qui peuvent s'accumuler et séjourner dans les branchements. On maintient environ *dix* minutes l'écoulement à plein jet avant d'effectuer le prélèvement. Agir autrement, c'est s'exposer à recueillir non seulement une eau souillée de dépôts terreux, mais encore une eau chaude ayant séjourné longtemps dans des conduites secondaires et à tous les points de vue différente de celle qui circule sans relâche dans les artères des canalisations urbaines.

Fig. 1.

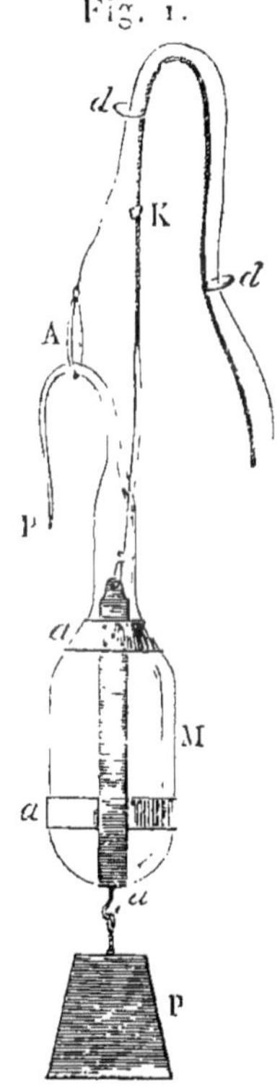

Appareil pour prélever les eaux à diverses profondeurs.

E. *Prélèvement des eaux à diverses profondeurs.* — On peut avoir intérêt à connaître les richesses en micro-organismes des diverses couches liquides qui se superposent dans un fleuve, un réservoir ou un puits. Il est ici absolument nécessaire, pour opérer avec précision, d'avoir recours aux vases scellés. L'appareil que je vais décrire, représenté par la *fig.* 1, peut servir à cet usage; il a été mis sous les yeux du public, en 1886, à la caserne Lobau, lors de l'exposition de la Société de médecine publique et d'hygiène professionnelle.

Il se compose d'un petit matras d'essayeur M, d'environ 50^{cc} de capacité, à pointe effilée recourbée en col de cygne P', maintenu verticalement dans une armature métallique *aaa*. Le système, lesté d'un poids de plomb P de 2^{kg} à 3^{kg}, est suspendu à une cordelette résistante, graduée en mètres et fractions de mètre au moyen d'anneaux et de nœuds. Le long de cette cordelette glisse, dans les anneaux *d*, *d*, espacés d'un mètre, un fil de cuivre terminé par une bague A, embrassant le col fragile recourbé P' du matras.

L'instrument descendu à la profondeur voulue, par un mouvement brusque et sec, on relève la bague qui tranche la pointe capillaire du vase scellé, et l'eau se précipite dans le matras stérilisé où un vide partiel ou complet a été produit.

F. *Récolte des eaux de pluie.* — L'analyse de l'eau de pluie pouvant donner dans quelques cas des renseignements utiles sur les microbes des diverses régions de l'atmosphère, il est indispensable de la recueillir avec les précautions spéciales qu'impose la nature de ce météore. Je mentionnerai l'appareil que j'emploie depuis quinze ans à cet usage à l'Observatoire de Montsouris. Il est fort simple, comme on peut en juger par l'examen de la *fig.* 2, mais il doit offrir certaines qualités que je dois faire ressortir.

Sur une tige de fer horizontale T, solidement vissée à un poteau de bois vertical P planté en terre, on fixe, à une hauteur de 2^m, un entonnoir E en cuivre nickelé ou argenté, soigneusement flambé sur le lieu même de l'expérience. Au-dessous de cet entonnoir, on dis-

Fig. 2.

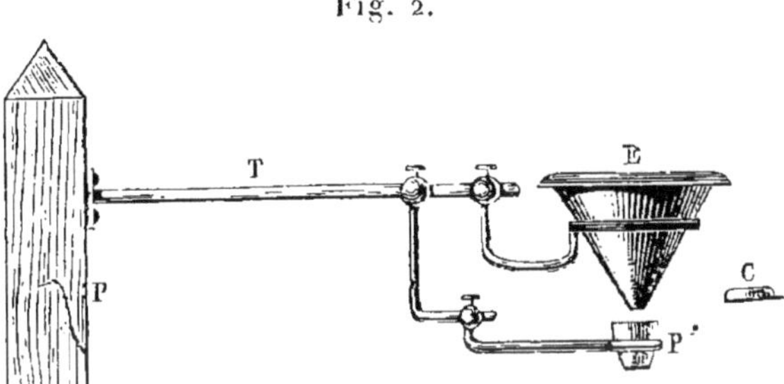

Appareil pour récolter les eaux de pluie.

pose un creuset de platine P' porté au rouge au préalable.

La construction de cet udomètre doit être telle que, sans qu'il soit touché aux autres parties de l'appareil, le vase de platine P' puisse être retiré et remis avec la plus grande facilité; ce qui permet de récolter séparément la pluie au commencement, pendant et à la fin des averses ou des orages. Le petit couvercle C sert plus tard à préserver le contenu du creuset des impuretés atmosphériques qu'il pourrait recevoir au moment du transport et des manipulations effectuées au laboratoire.

J'insiste tout particulièrement pour que cet udomètre à prises d'échantillons de pluie soit suspendu le plus haut possible. Si on néglige cette précaution importante, si l'appareil est, par exemple, placé à 50^{cm}

ou 1^{m} du sol, il arrive souvent que la pluie, en tombant sur la terre détrempée, fait rejaillir dans l'entonnoir et dans le vase récepteur des gouttelettes d'eau boueuse qui enrichissent considérablement en bactéries les eaux météoriques qui s'en montrent normalement peu chargées.

Je n'aime pas laisser mon appareil exposé à l'air extérieur pendant de longues heures, surtout durant les intervalles où la pluie cesse pour reprendre au bout de quelque temps, car pendant ces éclaircies les poussières de l'air viennent se déposer dans l'entonnoir, et l'ondée qui survient les entraîne avec elle dans le récipient, ce qui augmente évidemment la richesse microbienne du météore aqueux. Cependant, quand la pluie est fine et continue, comme cela peut arriver aux périodes pluvieuses de l'automne et du printemps, l'udomètre peut rester exposé au grand air pendant une douzaine d'heures; mais alors il importe, dans les saisons où la température dépasse 10° à 12°, de refroidir l'eau de pluie au fur et à mesure qu'elle tombe dans le vase destiné à la recueillir; pour cela, je l'amène dans un long tube de cuivre argenté fermé à son extrémité inférieure et plongeant dans un manchon cylindrique hermétiquement clos contenant du sulfure de carbone, où l'on fait barboter de l'air au moyen d'une trompe aspirante, de façon à maintenir la pluie recueillie vers 0°.

A cet appareil construit sur mes indications, il y a plus de huit ans, par la maison Wiesnegg, on peut avec avantage en substituer de plus simples en vissant le tube de cuivre récepteur à un récipient contenant soit du chlorure de méthyle ou encore de l'acide carbonique liquides; on règle le pouvoir réfrigérant de l'appareil avec un robinet de dégagement qui permet d'activer ou de ralentir la vaporisation de ces gaz liquéfiés sous pression. La stérilisation du tube récepteur de l'eau de pluie s'obtient en plaçant horizontalement la bouteille et en promenant dans le tube un petit tampon d'ouate enflammée imbibée d'alcool. Pour éviter les accidents, l'appareil réfrigérant doit fonctionner à ce moment et produire un froid inférieur à 0°, ce qui ne nuit aucunement à ce flambage superficiel suffisant pour empêcher la condensation de l'eau et pour brûler les germes adhérant à la paroi interne du tube.

D. *Récolte de la neige et de la grêle.* — La neige et la grêle se recueillent très aisément, en exposant à l'air extérieur, au moment de la chute de ces météores, une boîte de cuivre cylindrique brasée, nickelée ou argentée et parfaitement flambée. La récolte opérée, on recouvre la boîte de son couvercle également stérilisé, puis on expose cet udomètre, aussi primitif que simple et exact, à la chaleur d'une étuve portée vers 30°. Au bout de 5 à 10 minutes, la neige et la grêle sont fondues et on dose en bactéries cette eau de fusion comme les eaux ordinaires. Une pesée pratiquée avant et après l'exposition donne en outre, au moyen d'un calcul élémentaire, la hauteur de la tranche de pluie correspondant à la chute de la neige ou de la grêle durant l'exposition de la boîte.

Il est une cause d'erreur inhérente au prélèvement des échantillons d'eaux destinés à l'analyse micrographique, dont j'ai vu plusieurs esprits méticuleux s'exagérer les conséquences : je veux parler de la contamination fortuite de ces échantillons par les poussières voyageant dans l'atmosphère. Il est évident que toutes les opérations du prélèvement des eaux s'effectuant au contact de l'air, ce dernier élément peut accidentellement déposer un ou deux germes dans l'eau destinée à être ultérieurement analysée. Mais, je le demande, en quoi ce fait peut-il fausser le résultat du dénombrement des bactéries? Un microbe perdu dans 150^{cc} à 200^{cc} d'eau, si par le plus grand des hasards il était saisi par l'analyste qui opère d'habitude sur 2^{cc} à 3^{cc}, n'augmenterait pas la richesse de l'eau considérée d'une bactérie par centimètre cube. Généralement, dans ces sortes d'essais, les unités sont pour la plupart du temps négligées et parfois même, avec les eaux de rivière, il est saugrenu de tenir compte des dizaines et des centaines.

Il importe beaucoup plus de se préoccuper d'une cause d'erreur autrement sérieuse qui peut, à l'insu de l'expérimentateur, altérer la sincérité des analyses microbiologiques : je veux parler de la pullulation des bactéries dans les eaux abandonnées à elles-mêmes.

CHAPITRE II.

DU TRANSPORT DES EAUX.

De la pullulation des bactéries dans les eaux potables abandonnées à elles-mêmes. — De la nécessité de les refroidir pour leur conserver une composition micrographique à peu près constante. — De l'insuffisance du refroidissement à 0° à l'égard de quelques eaux. — Glacières pour le voyage des eaux destinées à l'analyse micrographique.

Si cela était toujours possible on devrait, de préférence, pratiquer l'analyse micrographique des eaux sur le lieu même du prélèvement, ou du moins y effectuer les expériences préliminaires de l'ensemencement; mais cela n'est pas toujours facile; le transport des milieux nutritifs stérilisés (bouillons et gélatine), des vases à dilution, des pipettes aseptiques, des appareils de flambage, etc., présente quelques difficultés que j'ai cherché à vaincre, comme on le verra plus bas, en faisant construire par M. Alvergniat un nécessaire portatif pour l'analyse biologique des eaux. Dans certains cas, par exemple, quand il s'agit d'effectuer le dosage des germes d'une eau très éloignée du laboratoire de bactériologie, il est nécessaire qu'elle subisse pendant un temps plus ou moins prolongé le transport en voiture ou sur les voies ferrées; il faut donc s'efforcer dans ces cas particuliers, encore très fréquents, de conserver aux eaux les qualités qu'elles possèdent au moment de la prise.

Par les précautions que j'ai indiquées plus haut, on les soustrait aux contaminations résultant de vices opératoires grossiers; par d'autres, il faut empêcher à tout prix une élévation notable de leur température, et même les refroidir fortement dans les trajets de quelque durée. Si l'on néglige ce soin, on voit se produire la cause d'erreur la plus grave qui puisse fausser les dosages quantitatifs des bactéries.

Dès l'année 1879, après avoir publié mes premiers essais sur le dénombrement des microbes contenus dans les eaux telluriques et météoriques, j'ai signalé en ces termes cette cause d'erreur insidieuse :

« Ces chiffres ont été trouvés avec les eaux analysées immédiatement après leur arrivée au laboratoire; si l'on attend vingt-quatre heures, les bactéries pullulent et les nombres qu'on vient de lire ne sont plus reconnaissables. »

Les expérimentateurs qui n'ont pas tenu compte de cette recommandation ont appris à leurs dépens combien elle est pleine de justesse, et combien il est utile d'analyser les eaux très peu d'instants après leur prélèvement, ou, si cela est impossible, de les porter à une basse température, de façon à immobiliser la vie des bactéries. Quelques exemples graveront dans l'esprit du lecteur cette nécessité absolue.

EXPÉRIENCE. — Durant l'été, un flacon d'eau de la Dhuis, d'une capacité de 200^{cc} environ, est transporté directement en voiture de l'aqueduc de Ménilmontant à la caserne Lobau; le trajet s'effectue en 30 minutes. L'eau de l'aqueduc accuse 13°,2.

Cet échantillon fait l'objet des trois analyses suivantes :

	Température.	Bactéries par centimètre cube.
A midi précis	16°,6	57
A 1h30	19,5	143
A 3h	20,9	456

La température de l'air ambiant est restée voisine de 21°,5.

En trois heures de temps, et avant même que la température de l'eau ait atteint celle de l'air du laboratoire, le chiffre des bactéries s'est accru toutes les heures suivant les termes d'une progression géométrique dont la raison est 2.

Voyons maintenant les perturbations que peut introduire dans l'analyse micrographique des eaux une attente plus prolongée.

Expérience. — Un flacon d'eau de la Vanne, recueillie à la bâche d'arrivée du réservoir d'eau de Montrouge, titre à l'analyse immédiate :

Température........... 17° Bactéries par cent. cube.. 56

Le lendemain, exactement 24 heures après, l'eau marque 21°,2 et accuse 32 140 bactéries par centimètre cube.

Si l'analyse micrographique de l'eau de source est différée de plusieurs jours, les recrudescences que l'on observe deviennent prodigieuses et tellement fortes, qu'on ne saurait se prononcer sûrement sur l'origine de l'échantillon d'eau considéré.

Expérience. — Un nouvel échantillon d'eau de la Vanne, également puisée à la bâche d'arrivée au réservoir de Montrouge, marque, en me parvenant, une température voisine de 16° (15°,9) et donne :

	Température.	Bactéries par centimètre cube
Immédiatement..	15°,9	48
2 heures après..............	20,6	125
1 jour après................	21,0	38000
2 jours après...............	20,5	125000
3 jours après...............	22,3	590000

Durant les premières heures, l'expérimentateur constate dans l'eau de la Vanne une richesse microbienne voisine de celle des eaux de source. Au bout de vingt-quatre heures, à ne considérer que les résultats numériques, il croirait avoir affaire à de l'eau de la Seine puisée entre les ponts d'Austerlitz et de l'Alma; deux jours plus tard, à de l'eau de la Seine puisée en amont du collecteur à Clichy; trois jours après, à de l'eau de la Seine prélevée en aval de ce même collecteur, c'est-à-dire souillée d'eau d'égout.

Cependant, si l'on examine par transparence l'eau où se sont multipliées avec tant de rapidité un si grand nombre de bactéries, rien ne fait présager le degré d'infection qu'elle a atteint; la limpidité d'une eau est donc un caractère microscopique auquel le micrographe doit attacher peu de valeur.

Expérience. — Le 30 décembre 1886, un flacon d'eau de la Vanne, après avoir fait l'objet d'un dosage immédiat, est placé à l'étuve à la température constante de 30°.

	Bactéries par centimètre cube
Analyse immédiate, le 30 décembre 1886...	71
» effectuée le 31 décembre 1886...	71000
» » le 3 janvier 1887... ..	1070000

Ce phénomène d'accroissement rapide des bactéries dans les eaux de source n'est pas particulier aux eaux de Paris; toutes les eaux très pures sont le siège de semblables recrudescences, en d'autres termes, d'une auto-infection prompte et caractéristique.

EXPÉRIENCE. — Un échantillon d'eau des sources de Saint-Laurent, situées à 7^{km} ou 8^{km} du Havre (Seine-Inférieure), arrivé dans la glace, fournit :

	Bactéries par centimètre cube.
Immédiatement, le 20 septembre 1887.......	7
Analyse du 21 septembre 1887..............	3200
Analyse du 26 septembre 1887..............	800000

A partir de cette date, le chiffre des micro-organismes répandus dans cette eau décrut lentement; au commencement de l'année 1888, il était inférieur à 100000 bactéries par centimètre cube.

Ces exemples suffisent pour démontrer qu'on ne peut, sans inconvénient pour la sincérité des résultats analytiques, laisser la température de l'eau s'élever au-dessus de celle qu'elle accuse au moment du puisage.

Arriverait-on à conserver à l'eau sa composition microscopique exacte, en la maintenant au degré de chaleur qu'elle possède, soit au sortir du sol, soit dans les canalisations où elle circule avec plus ou moins de vitesse, sous des pressions sans cesse variables? L'expérience répond encore négativement.

Dès que l'on change la manière d'être d'une eau, son chiffre de bactéries augmente, par conséquent, les recrudescences bactériennes observées n'ont pas pour facteur unique l'élévation de la température.

Expérience. — Un flacon d'eau de la Dhuis, titrant au départ 95 microbes par centimètre cube, est maintenu pendant 48 heures entre 14°,7 et 15°, température supérieure seulement de 2° à la chaleur naturelle de cette eau circulant dans l'aqueduc de Ménilmontant.

Les 48 heures écoulées, elle accuse, à un nouveau dosage, 119000 bactéries par centimètre cube.

Expérience. — Un échantillon d'eau de la Vanne (température 12°), riche de 48 bactéries par centimètre cube, 10 minutes après son prélèvement à la bâche d'arrivée au réservoir de Montrouge, est abandonné 26 heures entre 14°,8 et 15°,2; au bout de ce temps elle titre 25000 microbes par centimètre cube.

Si un degré de chaleur légèrement supérieur à la température propre des eaux est incapable de s'opposer à la multiplication des espèces microscopiques qu'elles tiennent en suspension, il était intéressant de connaître si un degré de chaleur exactement pareil à celui qu'elles accusent pouvait s'opposer à ces recrudescences si gênantes pour l'analyste.

Expérience. — Une eau de la Vanne, donnant au thermomètre 12°,3 au moment de son prélèvement et à l'analyse 360 bactéries par centimètre cube : est abandonnée 48 heures entre 12°,1 et 12°,3. Après ces 2 jours d'attente, elle contenait 17800 microbes par centimètre cube.

Enfin, j'ai cherché si une température inférieure à la température normale des diverses eaux distribuées à Paris pouvait s'opposer aux pullulations bactériennes qui viennent d'être signalées. Ici encore, les faits sont venus démontrer que ces recrudescences, bien qu'enrayées dans leur allure, se poursuivaient sûrement avec une assez grande rapidité.

EXPÉRIENCE. — Un échantillon d'eau de la Dhuis puisé à l'aqueduc de Ménilmontant, titrant à son arrivée 214 bactéries par centimètre cube, est abandonné pendant 2 jours vers 9°,5, c'est-à-dire une température inférieure de près de 3° à celle qu'elle possédait au moment de la prise.

Les 48 heures écoulées, cette eau accusa 1070 bactéries par centimètre cube.

EXPÉRIENCE. — De l'eau de la Vanne, d'une richesse initiale de 170 bactéries par centimètre cube et marquant 11°,5, laissée pendant 3 jours entre 9° et 10°, décela au bout de ce temps 8570 bactéries par centimètre cube.

Mais, avant d'aborder les conditions efficaces de la réfrigération, il me reste à décrire les moyens qu'on peut employer pour prendre la température des eaux sans altérer leur composition micrographique, et pour les maintenir, ainsi que je viens de le dire, à des températures comprises entre celle de l'air ambiant et 0°.

La stérilisation des thermomètres peut se faire à la rigueur par un flambage rapide, mais quand ils sont sensibles, et que leur échelle ne dépasse pas 50° à 60°, ce qui est le cas des instruments exacts servant à mesurer avec précision les basses températures, ces flambages sont très imprudents : il vaut mieux recourir à la stérilisation par voie humide.

Pour cela, les thermomètres sont plongés un instant dans de l'acide azotique fumant, puis dans un flacon chargé d'une atmosphère ammoniacale, et enfin passés successivement dans trois flacons d'eau stérilisée à 110°. Je n'ai jamais vu de tige thermométrique intentionnellement infestée par des spores de bacilles très réfractaires résister à ce traitement, et les bouillons limpides où ces tiges ont été plongées n'ont jamais présenté la plus faible altération.

En dehors de l'étuve glacière qui sera décrite plus bas, j'emploie, pour maintenir les eaux aux températures variant de 4° à la température de l'atmosphère ambiante, un appareil formé de deux serpentins en plomb que je n'ai pas eu l'occasion de mentionner; le premier est immergé suivant les besoins dans un bain chaud ou un mélange réfrigérant, le second est placé dans une boîte cylindrique très soigneusement entourée de feutre, afin d'éviter, dans la mesure du possible, la déperdition de la chaleur ou du froid. C'est au centre de ce second serpentin que l'on engage presque à frottement le flacon d'eau qu'on désire maintenir à un froid déterminé.

Veut-on, par exemple, dans les laboratoires parisiens conserver un échantillon d'eau vers 13°, il suffit, sans autre précaution, de faire couler dans le serpentin qui entoure le flacon l'eau de la canalisation urbaine qui marque assez exactement cette température.

Si l'on désire obtenir un degré de chaleur supérieur à 13° et inférieur au degré de chaleur de l'atmosphère, qui peut s'élever en été jusqu'à 28° et 30°, on règle un bain d'eau vers 40° à 50°, on plonge le premier serpentin dans ce bain et l'on établit le débit de l'eau de la ville, de façon que l'eau amenée dans le second serpentin qui entoure le flacon marque le degré de chaleur désiré.

Les tâtonnements que cette opération de réglage nécessite ne sont pas longs : ils exigent à peine quelques minutes quand on fait usage d'un réservoir d'eau à niveau constant, produisant un écoulement uniforme, et quand on prend la précaution de mesurer la température de l'eau à l'orifice de sortie du serpentin qui enlace le flacon d'eau.

Pour les températures inférieures à 13° et descendant jusqu'à 4°, le bain chaud qui contient le premier serpentin est remplacé par de l'eau froide à la surface de laquelle doivent nager constamment des blocs de glace, de façon que le serpentin soit immergé dans de l'eau à 4°. Il suffit encore ici de régler la vitesse d'écoulement de l'eau de la ville, pour descendre jusqu'à 5° et 6°.

Quand, dans les études de bactériologie, on veut maintenir les liquides à 4°, tous les appareils peuvent être supprimés; le vase bien bouché et entouré d'une feuille mince de gutta-percha ou de caoutchouc est plongé dans un récipient d'eau au-dessus de laquelle doit sans cesse surnager de la glace. Si la température de 0° est rigoureusement nécessaire, tout le monde sait qu'il faut employer la glace fondante, avec la précaution indispensable de favoriser l'écoulement de l'eau de fusion de la glace, au fur et à mesure qu'elle se produit.

Pour l'étude générale des microbes des eaux, il est loin d'être superflu d'ignorer ces divers procédés, surtout à une époque où les étuves à froid constant n'existent pour ainsi dire pas. L'instrument composé de deux serpentins que je viens de décrire est si simple que tous les expérimentateurs peuvent le construire eux-mêmes au moyen de deux petits tubes de plomb enroulés en hélice serrée sur des mandrins cylindriques de grandeur voulue. Il n'est nullement besoin dans ce cas d'avoir recours à l'habileté des constructeurs, car cet appareil, je le dis encore, n'est ni volumineux, ni difficile à établir.

Il ne faut donc pas hésiter à porter les eaux dont l'analyse immédiate n'est pas possible à une température beaucoup plus basse que leur degré de chaleur propre; nous allons voir que le froid produit par la glace fondante donne des résultats assez satisfaisants.

Il ressort de ce qui vient d'être dit qu'au fur et à mesure que le froid augmente, la multiplication des bactéries devient de plus en plus pénible, et qu'à un moment donné elle doit cesser complètement; ce qui semblerait alors devoir permettre de conserver aux eaux une composition micrographique exactement pareille à celle qu'elle présente au moment du prélèvement. Malheureusement cela n'est pas, pour plusieurs motifs : d'abord parce qu'il existe des bactéries adultes qui meurent à 0°, ensuite parce que plusieurs d'entre elles peuvent se multiplier à cette basse température. Il en est pour les températures basses comme pour les températures élevées; on trouve des bactéries qui meurent déjà à 45° et d'autres qui vivent au delà de 70°; en cette matière il n'existe rien d'absolu, et l'on m'affirmerait que plusieurs microbes peuvent se développer à — 10° que ce fait ne me surprendrait pas.

Le froid, comme je l'ai établi dès l'année 1882, en opérant sur des blocs de glace du lac de Joux, vieux d'une année, est d'ordinaire peu redoutable pour la majeure partie des microbes; MM. Raoul Pictet et Yung, de Genève, ont pu soumettre, pendant 36h, à une température inférieure à 100° au-dessous de 0°, toute une série d'organismes vulgaires que je leur ai fournis, sans pouvoir arriver à les détruire. Mais les eaux ne doivent pas être comparées aux cultures où la même espèce existe par milliards à tous les degrés de résistance, aussi il ne saurait surprendre que le froid prolongé puisse se montrer meurtrier à l'égard de quelques microphytes.

Cependant, établissons d'abord que la température de 0° semble se comporter comme un anesthésique fidèle, en ce sens que, dans les eaux communes soumises à ce degré de froid, le chiffre des microbes ne croît pas sensiblement durant des périodes d'assez longue durée.

Expériences. — 1° De l'eau de la Vanne, accusant par centimètre cube un chiffre de bactéries égal à 28, est maintenue 26 heures à une température moyenne de 3°,3 (minimum 1°,7, maximum 4°,9). Au bout de cette période de temps, l'analyse décèle, dans cette eau refroidie, 30 microbes par centimètre cube, chiffre qui démontre que les organismes de l'eau de la Vanne n'ont pas diminué ni sensiblement augmenté;

2° De l'eau de Saint-Laurent (Seine-Inférieure), prélevée à une borne-fontaine voisine de l'Hôtel de Ville du Havre, accuse à son arrivée, le 17 septembre 1887, 8 bactéries par centimètre cube; 48 heures après, le 19 septembre, 7 bactéries;

3° Nouvel essai pratiqué avec de l'eau de Saint-Laurent, puisée à une borne-fontaine voisine des bains de Frascati. L'analyse immédiate du 27 septembre accuse 6 bactéries par centimètre cube; l'eau, replongée dans un mélange réfrigérant de glace fondante, montre le 28 septembre, 24 heures plus tard, 7,5 bactéries par centimètre cube.

4° Une nouvelle analyse, pratiquée cette fois avec de l'eau de source recueillie à Saint-Laurent, fournit 7,5 bactéries par centimètre cube et un jour plus tard, le 1er octobre, 8,3 bactéries par centimètre cube.

5° Un échantillon d'eau du puits de sable de la Loire, servant aux essais de M. l'ingénieur en chef Lefort, arrivé dans la glace, accuse immédiatement 55 bactéries par centimètre cube; 2 jours plus tard, le même échantillon, maintenu à 0°, titre 90 bactéries par centimètre cube.

Le pouvoir réfrigérant de la glace fondante semble donc bien remplir le but qu'on se propose d'atteindre, c'est-à-dire d'empêcher, d'une part, l'accroissement des bactéries dans les eaux, et, d'autre part, leur diminution.

J'ai essayé de conserver aux eaux une composition micrographique constante sans avoir recours au froid, au moyen de l'éther sulfurique, du chloroforme, de plusieurs éthers de la série grasse sans parvenir à des résultats satisfaisants. La plupart du temps, le chiffre des microbes diminuait avec une grande rapidité pour croître rapidement quand l'eau cessait d'être sous l'influence de la substance anesthésiante. Peut-être, en continuant ces recherches, arrivera-t-on à résoudre ce problème, dont la solution me paraît cependant très difficile et même impossible.

En effet, celui qui a étudié de près les organismes fragiles appelés *bactéries* sait que ces êtres infimes ont une existence éphémère, c'est-à-dire d'une durée très limitée. Quand ils ne peuvent se multiplier, il arrive qu'au bout d'un temps, variant de quelques heures à quelques jours, ils disparaissent complètement.

En veut-on un exemple frappant :

Expérience. — 20cc d'eau micrographiquement infertile (j'appelle ainsi une eau distillée à 30° ou 35° dans des appareils uniquement de verre, à l'abri de toutes les impuretés d'origine organique, atmosphérique ou autre, par conséquent dépourvue des éléments nutritifs habituellement répandus dans les eaux vulgairement distillées) reçurent 2 gouttes d'eau de la Vanne en pleine recrudescence bactérienne.

	Bactéries par centimètre cube.
Le 1er dosage, immédiat, accusa......	128
Le 2e dosage, 24 heures, après accusa...	75
Le 3e dosage, 4 jours, après accusa.....	8,3

7 jours plus tard, 4gr de cette eau ne renfermaient pas trace d'organismes; au bout d'une semaine, il restait donc moins

de 5 bactéries des 2560 qui avaient été primitivement ensemencées.

Il est donc bien certain que, là où les bactéries sont immobilisées par le froid ou par d'autres agents incapables d'exercer sur elles une action nocive, elles meurent par la seule raison que la durée de leur vie est très courte. C'est en se basant sur ce fait que l'on doit, il me semble, bannir de l'esprit l'espérance de conserver longtemps aux eaux prélevées un chiffre constant de bactéries.

Si l'on voit, dans les expériences que je viens de rapporter, les eaux de la Vanne, de Saint-Laurent, du puits d'essai de la Loire, conserver un nombre assez peu variable de microbes, c'est surtout parce que, à côté des microbes qui meurent, il en est d'autres qui se multiplient et que, de cette façon, il s'établit une sorte d'équilibre dans le chiffre des décès et des naissances, pouvant donner l'illusion d'une invariabilité du nombre des germes particuliers à chaque espèce.

Expérience. — De l'eau de la prairie des filtres de la ville de Toulouse est conservée pendant 4 jours dans la glace fondante. Toutes les 24 heures cette eau, qui accuse assez fidèlement le même chiffre moyen de bactéries (650 à 776), fait l'objet d'un double dosage quantitatif vis-à-vis d'un bactérium mobile donnant une coloration violette, et d'un bacille fournissant une tache rouge : ces deux espèces liquéfiaient rapidement la gélatine. Voici les résultats de ces dosages quantitatifs :

	Colonies par centimètre cube.	
	Du bacterium violet.	Du bactérium rouge.
A l'analyse immédiate	29	3
24 heures après..................	9	16
48 heures après................ ..	2	30
72 heures après..	»	40

Le bacille violet nous apparaît dans cette expérience comme un être résistant peu à la température de 0°, alors que le bacille rouge peut encore s'y multiplier assez promptement.

Le fait que je viens de signaler s'observe très fréquemment. Il mérite d'être pris en sérieuse considération, surtout quand il s'agit de déclarer si une eau est ou non pathogène; elle peut l'être au moment de son prélèvement et ne plus l'être si elle a séjourné 24^h dans la glace.

Je n'ai pas besoin, je crois, pour amener la certitude dans l'esprit du lecteur, de rappeler les intéressantes recherches du Dr Justyn Karlinski, d'Emmerich et Pinto, sur la façon dont se comporte le bacille typhique dans diverses eaux, et en particulier la célèbre expérience de ces derniers savants, dans laquelle ils ont démontré qu'une eau de puits peuplée intentionnellement de 200000 bacilles typhiques par centimètre cube s'en trouva absolument vierge au bout de 72^h. De son côté, le Dr Karlinski, en pratiquant des essais sur de l'eau de canal et de l'eau stagnante maintenue à la température relativement peu basse de 8°, ne rencontra plus un seul bacille de la fièvre typhoïde au bout de 24^h, bien que chaque nature d'eau eût reçu la veille par centimètre cube plusieurs dizaines de mille de bacilles d'Eberth.

En pesant bien toutes ces considérations, il apparaît clairement que, relativement à la présence de telle ou telle bactérie dans une eau ayant été abandonnée un jour dans la glace, les affirmations des bactériologistes n'ont de valeur que si elles sont positives; dans le cas contraire, je ne saurais trop leur recommander d'être prudents et réservés.

Il me reste maintenant à ajouter que le froid de 0°

exerce un pouvoir anesthésiant absolument insuffisant sur les bactéries contenues dans certaines eaux, fortement chargées de substances organiques ou de sels minéraux pouvant servir de milieu de culture; au nombre de ces dernières je range les eaux d'égout, de vidange, de la mer, etc. Parmi les recherches auxquelles je me suis livré à cet égard, j'en citerai une seule.

Expérience. — Un échantillon d'eau de la mer, puisée au large, à plusieurs kilomètres du Havre, m'arrive dans la glace le 17 novembre 1887; il accuse à l'analyse immédiate 150 bactéries par centimètre cube.

Cet échantillon, toujours maintenu à 0°, décèle, 24 heures après, 520 bactéries par centimètre cube.

Le 21 novembre, c'est-à-dire 4 jours plus tard, le chiffre des bactéries s'élève à 1750 par centimètre cube.

La même eau de mer, laissée 24 heures à la température moyenne de 20°, fournit des chiffres fantastiques de bactéries, plusieurs millions par centimètre cube.

Ces faits connus, je serai beaucoup plus bref sur la description des moyens pratiques qui permettent de faire voyager les eaux à une température voisine de la glace fondante.

A cet effet, j'emploie la caisse représentée par la *fig.* 3, quand il s'agit de l'expédition des échantillons par les voies ferrées.

L'échantillon d'eau recueilli par le correspondant dans le flacon F, avec les précautions voulues, est bouché et cacheté à la cire d'Espagne, puis enveloppé de papier, et introduit à frottement doux dans une boîte métallique, de forme cylindrique, où il reste ainsi pendant le voyage à l'abri de tout ballottement, par conséquent des chocs qui pourraient le briser.

Cette première boîte est placée dans une seconde plus large de quelques centimètres dans toutes les dimensions, et l'espace vide est rempli de sciure de bois. Ce système bien fermé est ensuite déposé dans une boîte métallique beaucoup plus vaste qu'on remplit de glace concassée en gros morceaux. En été, pour les trajets qui durent 36^{h}, ainsi que j'ai pu m'en assurer par les envois qui m'ont été faits des points de la

Fig. 3.

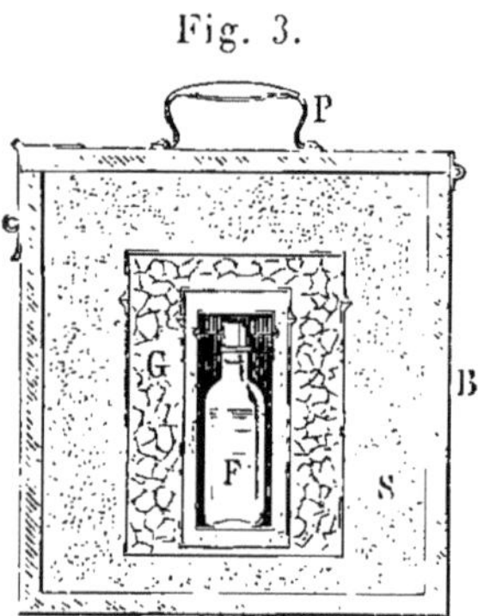

Glacière pour les longs voyages.

France les plus éloignés de Paris, il faut employer de 3^{kg} à 4^{kg} de glace; enfin, cette troisième et dernière boîte, bien exactement fermée, est enfouie dans la sciure dans une caisse de bois B, munie d'un couvercle à charnières et d'une poignée P. L'expéditeur la livre alors sans retard aux messageries, avec la recommandation de la faire parvenir au destinataire dans le plus bref délai possible.

Par mesure de précaution, la boîte doit être scellée au départ et parvenir à l'analyste avec ses sceaux intacts. Dans les villes où, comme à Paris, il existe un octroi qui s'exerce rigoureusement, il est indispensable d'obtenir du directeur de ce service l'exonération de la visite à laquelle sont soumis les colis vulgaires.

On y arrive aisément en avertissant le directeur de l'octroi de l'arrivée de l'échantillon d'eau ; ce dernier prescrit d'habitude de faire apposer sur la caisse le timbre du laboratoire auquel elle est destinée, le timbre de l'expéditeur et la mention expresse du contenu des vases. Il semble puéril d'insister sur ces questions de détail ; je dois cependant avertir l'analyste que, s'il néglige de s'en préoccuper, il court la chance de recevoir les échantillons longtemps après la fusion de la glace avec les boîtes ouvertes, parfois cassées, les eaux remplies de sciure, etc., c'est-à-dire dans des conditions où les dosages ne peuvent plus avoir aucune signification.

S'il s'agit de faire voyager l'eau pendant quelques heures, on peut faire usage d'une petite caisse portative doublée de zinc, remplie de glace, au milieu de laquelle on place le flacon protégé par sa double enveloppe.

J'ai reçu de quelques correspondants d'autres systèmes de boîtes glacières au nombre desquelles je me permettrai d'en signaler une qui se prête au voyage simultané de plusieurs échantillons d'eaux.

Dans une boîte de zinc carrée ou circulaire, on introduit, en les calant soigneusement sur des supports de bois, les tubes à essais, les matras, les flacons renfermant les eaux. Cette boîte est placée au centre d'une caisse de bois et entourée d'un mélange de glace et de sciure ; finalement cette caisse est à son tour placée au milieu d'une seconde beaucoup plus grande et recouverte d'une couche épaisse de sciure sur toutes ses faces; enfin le tout est solidement cloué. La glace fond lentement dans la sciure, et le froid produit est très vif. La température de l'air qui se trouve dans la boîte centrale contenant les échantillons reste toujours inférieure à 4°. Dans les glacières que j'ai fait construire, on peut descendre au-dessous de 2°; mais, dès qu'il y a une quantité notable d'eau de fusion, la température remonte légèrement et peut atteindre 4° quand la glace est à peu près complètement fondue.

On voit donc que ces divers appareils présentent quelques imperfections, et qu'on devra s'estimer heureux quand l'eau, refroidie au départ, arrivera au laboratoire au-dessous de 5°.

En manière de conclusion je répéterai la première phrase de ce chapitre : toutes les fois que cela sera possible, l'ensemencement des eaux destinées à l'analyse micrographique devra être effectué sur les lieux mêmes de leur prélèvement.

CHAPITRE III.

DE L'ANALYSE QUANTITATIVE.

I. Remarques générales sur les procédés. — II. Du dosage quantitatif et du matériel qu'il nécessite. — III. Des milieux nutritifs. — IV. De l'essai préliminaire et des diverses méthodes usitées pour le dosage numérique des bactéries des eaux. — V. Essais approximatifs. — VI. Nécessaire portatif pour le dosage quantitatif des eaux.

I. — Remarques générales sur les procédés.

Dans les sciences physiques et naturelles, l'exactitude des moyens d'investigation a une importance capitale, car, plus les méthodes employées sont parfaites, plus vite sont également découvertes les lois qui régissent les phénomènes encore peu ou mal connus. En général, on doit se méfier des méthodes expéditives et trop faciles qui comportent souvent avec elles des causes d'erreurs nombreuses, capables d'altérer la sincérité des résultats, ou de donner seulement des approximations dont ne saurait se contenter un expérimentateur consciencieux.

D'autre part, les procédés longs et compliqués qui exigent des aides, un matériel coûteux, des laboratoires bien outillés, ont le tort grave d'immobiliser telles recherches spéciales entre les mains d'un trop petit nombre d'observateurs et de résister longtemps à la vulgarisation. Ces méthodes, difficiles à appliquer, je n'en parlerai pas longuement dans cette étude, où je tiens avant tout à rester simple et à décrire des méthodes opératoires à la portée des élèves les plus novices en microbiologie.

Du reste, je ne ferai ici tort à personne, car le promoteur des procédés de numération des bactéries réputés comme pleins de difficultés est l'auteur même de ces lignes. Je ne saurai disconvenir, en effet, que le procédé de numération des bactéries par les ensemencements fractionnés dans le bouillon exige une très grande habitude, beaucoup de patience, un matériel considérable, précisément trois choses que n'ont pas d'ordinaire les débutants. Cependant, je dois proclamer que les analyses, basées sur le fractionnement des liquides, présentent des qualités nombreuses, qu'elles l'emportent en exactitude et en rigueur sur la méthode dite des plaques, et qu'enfin mon procédé a le mérite d'être général.

Je rappellerai qu'il consiste à diluer les eaux à analyser de façon telle que, sur 100 conserves de bouillon ensemencé, 20 à 25 d'entre elles soient au plus le siège d'une altération par les bactéries. Si l'on possédait à l'avance des notions suffisamment approchées sur la richesse des eaux en microbes, l'application de ce procédé serait facile; mais le plus souvent ces données ou ces notions on ne les possède pas, et alors il faut se livrer à des essais préliminaires nombreux, ou se résoudre à effectuer plusieurs séries d'ensemencements avec des dilutions de puissances diverses et graduées.

Tel est l'unique défaut des analyses par le fractionnement, si une difficulté peut être ainsi qualifiée.

Mais croit-on qu'il suffit d'employer les plaques de gélatine pour être dispensé de recourir aux dilutions et aux ensemencements fractionnés? Cette pensée serait absolument erronée, et l'expérimentateur qui se targuerait de ne jamais recourir aux dilutions montrerait par là qu'il connaît fort mal son métier d'analyste.

Prenons un exemple : voici une eau de la Vanne récemment puisée; faisons une plaque avec une goutte de cette eau; en supposant que la richesse de cette eau de source soit égale au moment du puisage à 400 bactéries par centimètre cube, et que 25 gouttes tombées de la pipette produisent le poids de 1gr, la plaque offrira 16 colonies. Attendons que le même liquide ait vieilli quelques jours dans le vase où on l'a recueilli, et fabriquons une nouvelle plaque dans les mêmes conditions, on la verra se charger de 2500 colonies et parfois d'un nombre plus élevé. Avec une goutte d'eau d'égout, de vidange, le chiffre des colonies pourra varier de 25000 à 250000 par plaque.

Il apparaît donc clairement que, devant l'impossibilité de compter convenablement dans un espace nécessairement restreint un si grand nombre de taches et de points, la dilution préalable des eaux s'impose, quel que soit le procédé choisi pour l'analyse bactériologique.

Je viens de parler de plaques offrant 2500, 25000, 250000 colonies, à partir de 1000 colonies réparties sur 0mq, 1 de surface; le dénombrement des îlots bactériens devient laborieux, difficile et inexact, même avec l'aide des glaces quadrillées, surtout si la couche de gélatine a une épaisseur notable. Les colonies à cheval sur les traits ou déplacées par le changement de direction des rayons visuels peuvent être comptées deux fois ou ne pas l'être du tout. Mais c'est là le défaut moindre.

Voici, au contraire, une objection qui a beaucoup plus de valeur, que je fais depuis longtemps aux partisans exclusifs des plaques de gelées et à laquelle il n'a pas encore été répondu d'une façon satisfaisante.

L'expérience démontre que les organismes microscopiques des eaux sont plus aisément rajeunissables que les germes desséchés charriés par l'atmosphère, mais qu'ils réclament cependant une quinzaine de jours d'incubation dans la gélatine, exposée à 20-22°, pour apparaître d'une façon nettement visible sous la forme habituelle de colonies. D'autre part, les faits établissent qu'en moyenne 20 bactéries, issues des eaux, réparties sur une plaque de 1 décimètre carré, abstraction faite des moisissures, dont le pouvoir envahissant et liquéfiant est très considérable, fluidifient partiellement ou totalement le *substratum* nutritif, avant la fin de la seconde semaine. En ensemençant donc plus de 20 bactéries sur une plaque de gélatine de la surface indiquée, on se trouve généralement dans la nécessité absolue d'effectuer un dénombrement de microbes, souvent définitif, avant qu'un certain nombre de bactéries aient eu le temps de devenir visibles, c'est-à-dire numérables.

Durée d'incubation des bactéries des eaux, ensemencées dans des plaques de gélatine maintenues à 20°-22°.

	Proportion pour 1000 des colonies apparues du 1er au 15e jour.
Après 24 heures	20
» 2 jours	116
» 3 »	118
» 4 »	133
» 5 »	143
» 6 »	107
» 7 »	88
» 8 »	55
» 9 »	41
» 10 »	38
» 11 »	33
» 12 »	29
» 13 »	30
» 14 »	25
» 15 »	24

En supprimant, volontairement ou parce qu'on y est forcé par les liquéfactions intempestives, les plaques de gélatine au bout de la première semaine, on néglige de tenir compte d'un quart des colonies : c'est une erreur de 25 pour 100 dont il faut que le micrographe soit bien averti.

Si, au lieu de 20 îlots bactériens, une plaque en offre 500, 1000 et davantage, on comprend à quelles erreurs en moins l'expérimentateur s'expose. D'après mes propres essais, une plaque de 1 décimètre carré de surface, qui renferme 500 colonies venues des eaux, n'est plus lisible après le quatrième jour, c'est-à-dire que l'analyste ne peut, dans de semblables conditions, tenir compte que de 38 à 39 pour 100 des bactéries vivantes contenues dans le liquide soumis à ses dosages. On conçoit combien ces lectures prématurées sont regrettables et combien il est difficile d'échapper à cette conclusion, que les facteurs résultant de ce mode d'expérimentation défectueux sont toujours trop faibles, par conséquent inexacts. C'est pour parer à cet inconvénient qu'on a fait quelques tentatives afin de refréner l'activité envahissante de certains microbes, mais il n'est pas parvenu à ma connaissance que ces efforts louables aient été couronnés de succès.

Le remède à cet état de choses consiste à ensemencer dans les plaques le moins de germes possibles, autrement dit à fractionner et à diluer les eaux, à peu de chose près, comme dans la méthode qui me sert depuis treize à quatorze ans.

Contrairement à la façon d'agir de plusieurs de mes contradicteurs, avant de me prononcer sur la valeur d'une méthode, j'ai pour habitude de l'étudier longuement, plusieurs années si cela est nécessaire, et d'apporter ensuite à l'appui de mes affirmations un nombre de faits toujours respectable.

Pour appuyer la thèse que je soutiens, je vais produire une statistique recueillie en 1889 et 1890, indiquant combien de plaques de 20^{cq} de surface, peuplées de 1, 2, 3, 4 et 5 colonies, ont pu atteindre le quinzième jour sans devenir le siège d'une liquéfaction assez étendue pour gêner le dosage quantitatif.

Statistique. — 13954 plaques, coulées en flacons coniques de $0^{m},05$ de diamètre à la base, sont utilisées du mois de janvier 1889 au mois d'octobre 1890 pour l'analyse microscopique des eaux par la méthode qui sera décrite plus loin, sous le titre de *Procédé mixte*.

Sur ce nombre de plaques ensemencées, 820 d'entre elles ont montré des moisissures associées ou non à des colonies bactériennes; je les élimine, par la raison que, sur ces 820 plaques, 662 ont été fluidifiées avant le 15e jour, et je ne veux considérer ici que les liquéfactions provoquées par les bactéries.

Il reste donc 13134 plaques de gélatine qui ont donné les résultats suivants :

6468 n'ont montré aucune colonie.

6071 ont montré 1 à 5 colonies.

595 se sont peuplées de 6 colonies ou d'un plus grand nombre.

Comme je désire rester dans le cas le plus défavorable à la thèse que je soutiens, j'élimine encore les 595 plaques qui ont accusé plus de 5 colonies, et 26 pour 100 de cas de liquéfaction avant le 15e jour.

Nous restons en présence de 6071 plaques altérées par 1, 2, 3, 4 ou 5 colonies, dans les proportions suivantes :

	Colonies.
3005 plaques se sont peuplées de	1
1407 » »	2
930 » »	3
422 » »	4
307 » »	5

1° Sur 3005 plaques altérées par une colonie, 194, soit 6,4 pour 100, se sont fluidifiées avant le 15e jour.

2° Sur 1407 plaques altérées par 2 colonies, 135, soit 9,5 pour 100 se sont liquéfiées avant le 15e jour.

3° Sur 930 plaques peuplées par 3 colonies, 121, soit 13 pour 100, se sont fluidifiées avant le 15e jour.

4° Sur 422 plaques montrant 4 colonies, 67, soit 15,8 pour 100, se sont liquéfiées avant le 15e jour.

5° Enfin, sur les 307 plaques altérées par 5 colonies, 53, soit 17,2 pour 100, se sont liquéfiées avant le 15e jour.

Je crois inutile de répéter que les ensemencements qui donnent sur toutes les plaques 5 colonies ou plus présenteront à l'analyse au moins 26 pour 100 de cas de liquéfaction avant la fin de la quinzaine, durée indispensable pour l'éclosion des bactéries.

Il résulte donc de la statistique qui précède qu'on

doit s'efforcer de réduire le chiffre des bactéries appelées à se développer sur les plaques de gelée à 1, 2, 3 colonies au maximum par plaque de 20^{cq}, ou à 5, 10, 15, si la plaque est 5 fois plus grande et offre 1 décimètre carré de surface.

Les résultats négatifs ne doivent préoccuper en rien l'observateur qui opère sur de nombreuses plaques à chaque expérience : trop de colonies, au contraire, lui procurent toujours des désagréments.

Cela dit, il me semble que nous retombons dans la méthode des ensemencements fractionnés avec cette différence, et c'est là le seul avantage que présente la gélatine en plaques, de mettre l'opérateur à l'abri d'une surprise quand le chiffre des bactéries est 10 à 15 fois supérieur à celui qu'il avait prévu.

Avec les conserves de bouillon, pour obtenir un résultat satisfaisant, la quantité des ensemencements négatifs doit osciller de 75 à 85 pour 100; ces limites sont réellement trop peu élastiques et forcent, même les expérimentateurs les mieux exercés, à pratiquer plusieurs séries d'expériences instituées de façon telle qu'ils aient la facilité de choisir la série des ensemencements, qui offre seulement 20 pour 100 de cas d'altération ; ce qui réclame parfois la mise en œuvre de plusieurs centaines de conserves de bouillon et exige la présence d'un ou de plusieurs aides.

Ma méthode n'a pas évidemment trouvé grâce devant les partisans résolus des plaques de gélatine; mais qu'on l'ait critiquée en France ou à l'Étranger, j'ai toujours constaté qu'elle était mal comprise, mal appliquée et qu'enfin mes contradicteurs ne se sont jamais mis dans les conditions opératoires où je me place. MM. Petri, Meade Bolton, notamment, qui ont cherché à la mettre en défaut, n'ont pu y parvenir qu'en opérant au delà de la zone où le procédé des ensemencements fractionnés ne donne plus de résultats certains; au contraire, toutes les fois qu'ils ont expérimenté en deçà de cette zone, les chiffres qu'ils ont eux-mêmes obtenus ont été meilleurs que ceux que leur a fournis comparativement la gélatine en plaques, et encore dois-je ajouter qu'ils ont établi leurs expériences de contrôle sur un nombre de conserves de bouillon qui atteint à peine celui qui me sert à un essai préliminaire.

En dehors des causes d'erreur que je signale, et qui ne manquent pas de se produire dès qu'on ensemence un chiffre trop élevé de germes sur les plaques de gélatine, il en existe d'autres que je dois également mentionner. L'une d'elles tient à l'impossibilité où l'on se trouve d'élever la température des plaques au-dessus de 23° à 24° sans voir le *substratum* devenir liquide. On connaît cependant beaucoup d'organismes, et des plus importants à étudier, qui ne se développent jamais d'une manière sensible à 22-24°. Parmi eux, on peut citer le bacille de la tuberculose, de la diphtérie, les microbes thermophiles et bien d'autres espèces vulgaires qui fournissent de belles cultures dans les bouillons chauffés à 30°, 40° et 60°.

Il existe également plusieurs catégories de micro-organismes pour lesquels la gélatine se montre un milieu infécond. Citons, en passant, quelques bacilles ferments de l'urée, plusieurs organismes nitrificateurs, étudiés par Winogradsky, qui a même fondé sur cette faculté négative un procédé fort curieux pour les séparer des microbes vulgaires; ce procédé consiste à chercher les agents organisés de la nitrification, précisément là où la gélatine ne présente pas la plus petite colonie.

Je dois également avertir l'expérimentateur que les taches microphytiques ne sont pas habituellement constituées par des cultures à l'état de pureté; il suffit pour s'en convaincre de saisir ses colonies, de les ensemencer dans le bouillon, puis, avec ce bouillon altéré, de fabriquer des plaques. La plupart du temps, on voit apparaître sur la gelée des colonies hétérogènes d'aspect, que le microscope, comme la culture et l'examen des fonctions biochimiques, démontre appartenir effectivement à des organismes très différents.

Je pourrais encore signaler d'autres inconvénients relatifs à la trop grande fusibilité de la gélatine, parler de ses liquéfactions générales qui peuvent s'observer en été dans les laboratoires, lorsque la température s'élève au-dessus de 25°, et causer de véritables hécatombes de plaques quand celles-ci ne sont pas placées dans des caves ou des étuves froides à l'abri des chaleurs des mois de juillet et d'août. Mais mon intention n'est pas de décourager par avance le débutant; je préfère lui dire que le procédé, imaginé par le Dr Robert Koch, constitue certainement un progrès dans l'étude des infiniment petits; ce procédé n'était pas assurément indispensable au développement de la science due aux mémorables travaux de M. Pasteur; cependant, en facilitant, par l'application des *substrata* solides à l'étude des bactéries, l'accès de la microbiologie à un grand nombre d'élèves, ce savant allemand est pour beaucoup dans l'essor rapide que cette science a su acquérir durant ces dernières années.

II. — Dosage quantitatif et du matériel qu'il nécessite.

La plupart des eaux naturelles contenant un chiffre de bactéries assez élevé, en tout cas très variable, le premier embarras de l'analyste est de savoir à quelle dose il devra ensemencer l'échantillon qu'il a reçu pour obtenir dans les bouillons ou sur les plaques un nombre convenable de cas d'altération ou de colonies : si ce chiffre est trop bas, le facteur pourra se ressentir considérablement d'un ensemencement fortuit ; s'il est trop élevé, on a vu dans les pages précédentes quelles causes d'erreurs en moins peuvent se produire ; savoir à quel degré doit être portée la dilution est le premier problème à résoudre.

Les eaux de source, considérées comme très pures, peuvent contenir de 1 à 100 microbes par centimètre cube, les eaux de source contaminées accidentellement ou périodiquement par la pluie ayant balayé le sol, par un cours d'eau devenu e siège d'une forte crue, sont beaucoup plus impures ; le chiffre des bactéries qu'elles offrent peut varier de 100 à 1000 et aller parfois jusqu'à plusieurs milliers. Les eaux des rivières et des fleuves ont des richesses microbiennes qui varient généralement de 10000 à 100000. Les eaux d'égout contiennent une dizaine de millions de bactéries sous le même volume ; enfin, les eaux ménagères, sales et fétides, qui stagnent dans les ruisseaux, les liquides des fosses d'aisances fixes, peuvent en montrer plusieurs centaines de millions par centimètre cube.

L'origine d'une eau est une indication précieuse à connaître dès l'abord, car elle peut éviter à l'expérimentateur, avec les tâtonnements, les frais des expériences préliminaires. Mais souvent cette indication peut faire défaut; celui qui demande un essai bactériologique d'une eau croit, quelquefois, de son devoir de laisser ignorer à l'analyste la nature du liquide fourni, de façon, sans doute, que les résultats obtenus ne puissent être influencés par une idée préconçue. D'autres croient même, et c'est absolument juste, que les idées préconçues doivent céder le pas aux faits observés; aussi est-ce pour ce motif qu'ils placent sur les flacons de fausses étiquettes intervertissant les indications exactes. Enfin il existe une dernière catégorie de personnes qui se plaisent à compliquer le travail déjà si ardu du bactériologiste, en effectuant des mélanges d'eaux propres et d'eaux sales, en ajoutant à des eaux de source d'une magnifique limpidité quelques gouttes d'un liquide putréfié, tout cela évidemment dans l'intention d'exercer la sagacité de l'opérateur et peut-être aussi de se moquer agréablement de lui, s'il ne découvre pas ces contaminations grossières. Les procédés bactériologiques sont heureusement assez sûrs aujourd'hui pour déceler ces fraudes; un micrographe novice pourrait tout au plus, si l'échantillon lui était arrivé dans de bonnes conditions, croire à une erreur de sa part ou à une stérilisation incomplète des milieux mis en œuvre par lui.

Cependant, il est des cas, relativement très fréquents, où les eaux données à essayer, je fais allusion à celles qui portent les étiquettes d'eaux de puits, de citerne, ne disent rien à l'opérateur qui puisse utilement le guider. Une eau de puits peut se montrer aussi pure qu'une eau de source, comme renfermer autant de bactéries que l'eau de rivière ou de canal la plus impure. Dans ces cas douteux, on ne doit pas hésiter à procéder d'emblée à une quadruple ou à une quintuple analyse avec des dilutions dont le titre varie de 1 : 1000 à 1 : 100000. Les essais préliminaires peuvent abréger cette besogne, mais ils ont le tort de retarder de vingt-quatre heures au moins l'analyse proprement dite.

Dilution des eaux. — On appelle ainsi une opération qui a pour but de porter 1^{cc} d'une eau donnée à 10 fois, 100 fois, 1000 fois son volume et davantage au moyen d'un excipient purgé de germes par la chaleur. L'excipient liquide peut être de l'eau distillée ou de l'eau ordinaire stérilisée à l'autoclave à 110°. L'eau ordinaire donne habituellement un précipité assez abondant de carbonate neutre de chaux, qu'on peut éliminer en la faisant bouillir quelques minutes et en la filtrant ensuite.

Pour diluer une eau au 1 : 10, il faut ajouter à 1^{cc} de cette eau 9^{cc} d'eau stérilisée; pour la diluer au 1 : 100, 99^{cc}; au 1 : 1000, 999^{cc} d'eau purgée de germes, etc., mais, comme pour la diluer au 1 : 1000000 il faudrait ajouter 1^{cc} de l'eau à doser à 100 litres d'eau stérile, cette opération deviendrait peu praticable, aussi tourne-t-on cette difficulté de la façon suivante :

L'eau est d'abord diluée au 1 : 1000, puis de cette eau au 1 : 1000 on introduit 1^{cc} dans un second litre d'eau stérilisée. Ainsi, pour diluer une eau au 1 : 1000000, il n'est utile d'employer que 2 litres d'eau. Bien que ces opérations soient d'une très grande simplicité, elles demandent à être faites avec beaucoup de soins : l'eau à analyser sera longtemps agitée de façon à répartir dans sa masse, d'une manière aussi homogène que possible, les bactéries mobiles que le froid a pu précipiter au fond du flacon, ou celles qui, étant privées de locomotion, gagnent naturellement la paroi inférieure des vases en raison de leur densité supérieure à celle de l'eau. C'est alors seulement que l'on fait un prélèvement pour l'ensemencement direct dans les milieux nutritifs ou dans le ballon d'eau qui doit servir à la dilution. Ce dernier ballon est à son tour agité longuement avant d'en utiliser le liquide qu'il renferme, soit pour les ensemencements directs, soit pour une dilution à une seconde puissance.

Si on néglige de suivre ces indications, d'abord on prélèvera dans l'échantillon d'eau naturelle un liquide trop pur ou trop impur, selon que la pipette plongera dans les couches superficielles ou profondes de l'eau ; de leur côté, les dilutions ne présenteront aucune homogénéité et on saisira au hasard des courants peu ou pas de germes, alors que la théorie de la dilution est de répartir aussi exactement que possible le même nombre de microbes dans chaque centimètre cube d'excipient ; je sais bien qu'il en est rarement ainsi en pratique ; cependant, en manipulant soigneusement, on arrive à obtenir des résultats très approximatifs, parfois même identiques dans les expériences faites en double dans un but de contrôle.

Pour diluer convenablement les eaux, j'emploie des matras et des flacons d'une capacité variant de 20^{cc} à 2^{lit} : le col de ces vases est garni d'un capuchon rodé tubulé (voir *fig.* 4) ; j'ai adopté de préférence le matras **M**, que sa conformation rend très stable, et dont le ventre très large facilite l'agitation du liquide et permet d'effectuer la dilution dans d'excellentes conditions. On peut également faire usage de simples ballons à fond plat dont le col est muni d'une forte bourre d'ouate, qu'on enlève au moment d'opérer la dilution pour permettre l'introduction de la pipette contenant l'eau à diluer, et qu'on replace immédiatement après pour pratiquer l'agitation. Il est utile d'avoir ainsi à sa disposition plusieurs séries de ces

Fig. 4.

Vases à cultures et à dilutions.

vases de grandeurs diverses contenant des volumes déterminés d'eau stérilisée, et prêts à servir. Je terminerai ces instructions en conseillant de fractionner les prélèvements, de retirer par exemple 1^{cc} de l'eau à analyser par quart de centimètre cube, c'est-à-dire en quatre fois (plutôt qu'en une), de façon à obtenir un échantillon moyen représentant exactement la composition de la masse liquide.

Pipettes à ensemencements. — On peut se servir dans les analyses microbiologiques de pipettes de

1^{cc}, 2^{cc}, 3^{cc}, 4^{cc} et 5^{cc}, jaugées au trait, graduées en fractions de centimètre cube, ou non graduées, à la condition que ces instruments de verre soient exactement purgés de germes. On peut les stériliser par simple flambage, au fur et à mesure du besoin ; cependant il est infiniment plus commode et plus rapide d'avoir à l'avance une certaine quantité de ces pipettes parfaitement aseptiques. La *fig.* 5 montre la façon

Fig. 5.

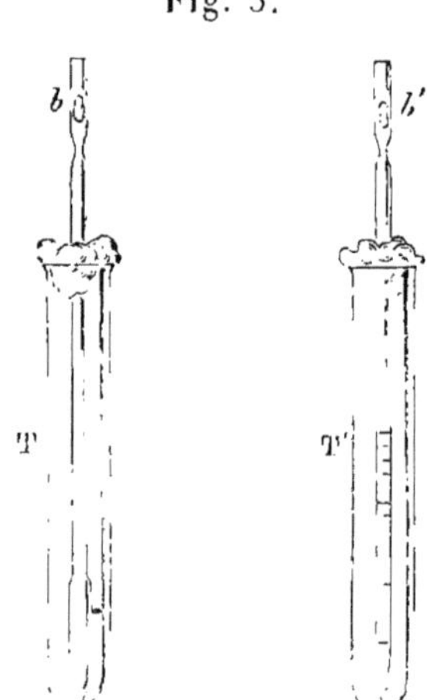

Pipettes jaugées et graduées stérilisées.

dont je conserve ces appareils stérilisés à 200°, pendant une heure. Pour rester à l'abri de toute contamination ultérieure, ils sont, comme on le voit, contenus dans des tubes à essais fermés par un tampon serré de coton. Quand on veut en faire usage, ce tampon est enflammé, la pipette est retirée de sa gaine protectrice, exempte de toute impureté. Tous ces petits instruments sont étranglés à leur extrémité supérieure et munis d'une bourre *b*, *b'* de laine de verre, afin de retenir les poussières venues du doigt et de l'air ambiant.

Pour le fractionnement goutte à goutte de l'eau naturelle ou diluée, les pipettes graduées ou jaugées ne sont pas très recommandables, cette opération exigeant au préalable un exercice du doigt pendant lequel plusieurs gouttes s'échappent habituellement de l'appareil; je préfère, pour ma part, employer des pipettes unies, faites d'un simple tube de verre effilé, dont l'ouverture capillaire débite à peu près 25 gouttes au gramme. Chacun peut faire soi-même ces petits instruments en rejetant tous ceux qui donnent moins de 240 et plus de 260 gouttes d'eau distillée pour 10^{gr}. Ces pipettes, également munies d'une bourre de coton de verre au-dessus de l'étranglement supérieur, peuvent être stérilisées en bloc, au nombre de 100 à 200, dans un vase cylindrique où elles plongent la pointe en bas perdue dans une forte couche de laine de verre; au moment de s'en servir on les flambe rapidement de façon à brûler les germes qui ont pu se déposer à leur surface extérieure.

Vases à cultures. — Pour contenir les bouillons destinés aux ensemencements et à la culture des schizomycètes, je ne connais de véritablement pratiques que les flacons de Freudenreich (voir *fig.* 4 les flacons F, F', F'' et *fig.* 6) qui sont une modification heureuse du matras Pasteur et qui consistent en flacons de toutes grandeurs, munis de capuchons rodés et tubulés. On a préconisé pour le même usage les tubes à essais, les petits matras à col garni d'ouate. La plupart de ces vases sont d'une trop grande instabilité, et l'enlèvement des bourres est une opération minutieuse qui entraîne de nombreuses chances d'infection, quelles que soient les précautions dont on s'entoure.

Les premiers frais d'achat des flacons Freudenreich sont assez élevés ; la plupart des constructeurs ne con-

Fig. 6.

Flacon de M. de Freudenreich.

sentent à les livrer qu'au prix de 80fr la centaine; ce prix est fort exagéré et pourrait être abaissé de moitié, si les commandes étaient suffisamment nombreuses pour exciter la concurrence.

Pour la fabrication des plaques, on se sert souvent des boîtes de Petri, très répandues dans les laboratoires de bactériologie, mais je n'ai pas cru devoir les adopter dans mes recherches. Je leur reproche d'abord d'offrir une trop grande surface, et de présenter une fermeture insuffisamment aseptique; en diminuant le diamètre de ces boîtes enchâssées l'une dans l'autre, on peut, il est vrai, atténuer la portée de la première objection, mais la seconde subsiste tout entière; ensuite, si rapide que soit le prélèvement des microbes éclos dans ces boîtes, il est rare que les organismes de l'air ne viennent pas à ce moment se déposer à la surface de ces plaques, qui doivent être sacrifiées dès qu'elles ont été ouvertes plusieurs fois.

Si beaucoup de colonies sont semées sur ces couches de gélatine, suivant une expérimentation que je condamne quand elle a pour but le dosage quantitatif, l'examen méthodique des colonies n'est pas possible en raison du temps que ces observations entraînent et du nombre élevé d'ouvertures et de fermetures qu'exige la confection des préparations microscopiques. Ces ouvertures doivent être très peu fréquentes et pratiquées de façon à préserver la surface de la gélatine de la chute des poussières de l'air; or l'appareil de Petri ne répond pas à ces exigences légitimes.

Aux boîtes de Petri, dont je viens de signaler les inconvénients, on peut substituer des flacons coni-

Fig. 7.

Flacon conique pour les cultures en plaques.

ques à capuchon rodé et tubulé (voir *fig.* 7) d'un usage beaucoup plus commode; pour mes essais, j'en ai fait construire de plusieurs diamètres, de $0^{m},03$ à $0^{m},12$ à la base. Je conseillerai de s'en procurer d'un diamètre variant de $0^{m},05$ à $0^{m},06$, comme se prêtant beaucoup mieux aux nécessités de l'expérimentateur. Quand le diamètre de la base est trop large, l'apport des colonies sous le microscope est trop laborieux, tandis qu'il est aisé, avec les flacons de $0^{m},05$ à $0^{m},06$ à la base, d'aller quérir avec un fil de platine flambé, rectiligne, ou légèrement cintré (si la colonie est placée à la périphérie), la quantité de culture nécessaire pour l'examen ou l'ensemencement.

L'étroitesse du col des flacons coniques garantit, ordinairement, contre les infections venues de l'extérieur, quand on prend le soin de renverser le vase ou de l'incliner latéralement. Si la plaque de gelée est envahie par une colonie liquéfiante, cette manœuvre n'est plus évidemment permise, mais enfin on conçoit que, par une ouverture d'un demi-centimètre carré, il tombe 200 fois moins de germes que par une ouverture de 100 centimètres carrés, ce qui est le cas des boîtes de Petri.

Pour éviter les inconvénients qu'offrent ces derniers appareils, Esmarch a préconisé les plaques roulées en tubes qu'on obtient en introduisant dans un tube à essai stérilisé le mélange encore liquide de l'eau à essayer et de la gélatine, et en tournant ce tube dans un vase d'eau froide, jusqu'à la prise complète de la gelée. Ce procédé est sans doute simple et ingénieux, mais le pêchage des colonies au fil de platine, si on peut employer cette expression, est très difficile et souvent impossible, même pour ceux dont l'œil et la main ne manquent pas de sûreté.

II. — Milieux nutritifs.

Rien ne peut être plus varié que les milieux nutritifs employés par les bactériologistes pour la culture des micro-organismes. Afin de faciliter l'étude de ces milieux nous les diviserons en deux grandes classes :

1° En milieux liquides;

2° En milieux solides.

Milieux liquides.

Ces milieux liquides peuvent eux-mêmes être divisés :

1° En milieux liquides naturels;

2° En milieux liquides artificiels.

Enfin, comme troisième subdivision, les milieux liquides naturels et artificiels peuvent être stérilisés à froid ou à haute température.

Liquides naturels stérilisés à froid. — Dans ce groupe, on peut comprendre les humeurs de l'économie animale, les sucs de fruits et des végétaux. Parmi les liquides animaux, on a souvent utilisé les urines, le sérum de sang, les liquides séreux épanchés dans les hydrocèles, le lait, la salive parotidienne des animaux, l'humeur aqueuse de l'œil, etc.

Quand on prend les précautions antiseptiques suffisantes, c'est-à-dire quand on retire de l'économie animale ces divers liquides à l'abri des impuretés atmosphériques, ainsi que M. Pasteur l'a fait le premier, ces humeurs restent indéfiniment inaltérées et peuvent être utilisées d'emblée pour la culture de plusieurs micro-organismes. Si, au contraire, le prélèvement de ces liqueurs n'a pas été parfaitement aseptique, il est nécessaire, avant de s'en servir, de les débarrasser des germes qui les ont contaminées.

M. Chamberland indique, de la façon suivante, les

moyens de recueillir sur l'animal vivant et mort le sang contenu dans ses vaisseaux :

« Le procédé consiste à faire passer le sang du corps d'un animal dans un appareil flambé contenant de l'air pur et restant ensuite en communication avec l'air extérieur. On arrive très facilement à ce résultat avec des tubes de verre ayant la forme indiquée par la *fig*. 8. On flambe ces tubes dans un fourneau à

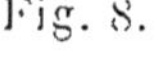

Fig. 8.

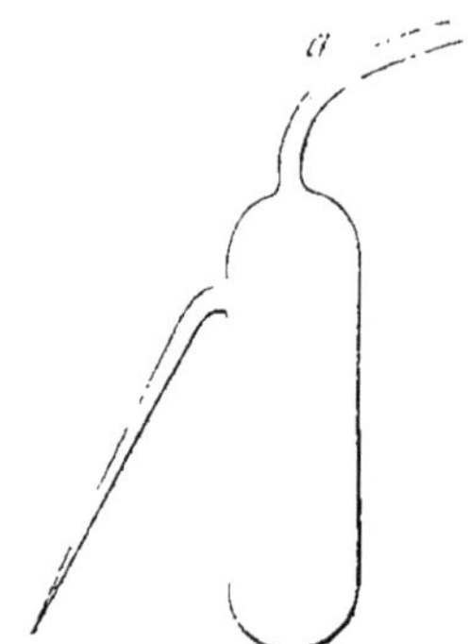

Pipette de M. Chamberland.

gaz après avoir mis un tampon de coton en *a*; si l'on dispose d'un animal vivant, on met à nu une veine ou une artère dans laquelle on fait une incision et l'on introduit l'extrémité effilée qu'on vient de couper et de passer dans la flamme. Le sang coule de lui-même; on peut faciliter son écoulement en aspirant avec la bouche par le tube *a*; on ferme ensuite l'effilure à la lampe.

» Si l'on ne dispose pas d'un animal vivant, on prend le cœur d'un animal qui vient d'être tué, dans un abattoir, par exemple, on perce la paroi à l'aide d'un scalpel flambé et l'on plonge la pointe effilée préalablement coupée et flambée. On aspire par le tube a, etc. »

Il est souvent plus aisé, lorsque le liquide peut filtrer aisément, de le purger de tout organisme, en le dirigeant à travers des substances solides dont les pores sont assez fins pour s'opposer au passage des bactéries. A cet effet, M. Pasteur a primitivement employé le plâtre, puis la porcelaine dont se sont également servis avec succès MM. Gautier et Chamberland. De mon côté, j'ai démontré, bien avant le Dr Hesse, que le carton d'amiante, les rondelles de papier filtre accumulés sous une forte épaisseur, jouissaient de même de la propriété de stériliser les liquides (¹).

La *fig.* 9 représente l'appareil qui a servi à mes premiers essais de filtration sur le plâtre ; il se compose d'un ballon à col long et légèrement conique étranglé à son tiers inférieur (*voir* en A). Au-dessous de l'étranglement on étire à la lampe une pointe capillaire effilée p, au-dessus de ce même étranglement on dispose une bourre d'amiante convenablement serrée a sur laquelle on coule une couche de plâtre gâché t de 7^{cm} à 8^{cm} de hauteur, dont la formule est la suivante :

Eau	46
Plâtre à modeler	51
Amiante broyée	3
Total	100

L'appareil ainsi préparé est séché pendant une ou deux semaines à l'étuve maintenue à 40°, puis porté lentement à une température comprise entre 170° et

(¹) *Les Organismes vivants de l'atmosphère*, p. 162 ; 1883.

180°; cette dernière chauffe a pour but, d'abord de détruire les germes répandus à la surface interne du ballon, ceux apportés par la bourre d'amiante, le plâtre et l'eau employée au gâchage; ensuite de

Fig. 9.

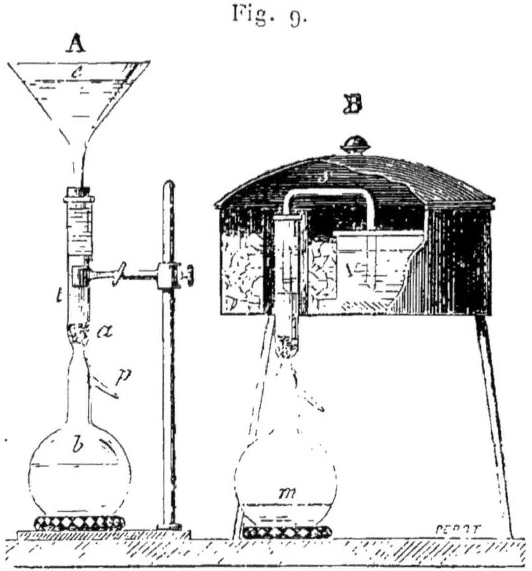

Filtres de plâtre.

recuire le plâtre, c'est-à-dire de le ramener à l'état de sulfate de chaux anhydre.

Pour mettre en marche cet appareil filtrateur stérilisé, on commence par imbiber d'eau le tampon de gypse recuit, qui sous l'action de ce liquide s'hydrate avec un dégagement de chaleur sensible à la main. Cette humectation préalable a l'avantage de rendre plus parfaite l'adhérence du filtre au tube de verre et de chasser l'air des pores du plâtre.

Le filtre convenablement imbibé, la pointe latérale de l'appareil est flambée, cassée et plongée dans un matras d'eau stérilisée à 110°; par une dilatation ménagée on chasse 40^{cc} à 50^{cc} d'air du ballon qui, après refroidissement, sont remplacés par un égal volume d'eau microscopiquement pure.

Cette eau, portée à l'ébullition et vaporisée rapidement, s'échappe par la pointe latérale capillaire sous la forme d'un jet de vapeur sifflant et continu; au bout de quelques minutes, la majeure partie de l'air du ballon est remplacée par de la vapeur d'eau : il ne reste plus qu'à sceller la pointe capillaire *p*, ce qui n'offre aucune difficulté. La vapeur, en se condensant, produit un vide considérable : aussi les sucs ou liquides à stériliser amenés dans la tubulure de l'appareil pénètrent-ils dans le ballon *b* en suintant à travers le plâtre.

La *fig.* 9 représente en A un appareil en voie de fonctionnement; un large entonnoir *e* amène à la surface du plâtre la liqueur à débarrasser de tout germe. La même figure montre en B un second système différant du premier par l'adjonction d'un appareil réfrigérant destiné à suspendre la putréfaction des liquides mis en expérience.

A cet appareil, qui a le tort de saturer le sulfate de chaux des liquides soumis à la filtration, j'en ai substitué un second (voir *fig.* 10) formé d'un vase de cuivre rouge argenté très résistant, à large col, garni d'une plaque annulaire de bronze pouvant recevoir, au moyen de huit écrous, une pièce cylindrique B également argentée, terminée à sa partie inférieure par un rebord intérieur destiné à soutenir des diaphragmes métalliques, des tampons divers, des fromages de calcaire d'argile cuite cimentés à la paroi du cylindre par des luts insolubles, inaltérables à 200°;

la partie supérieure de ce même cylindre peut recevoir un plateau C muni d'une tubulure destinée à conduire le liquide sur le filtre. J'ai fait fabriquer par Golaz, constructeur de cet appareil, des cylindres de rechange, filetés intérieurement et dans lesquels on visse, avec le secours d'une clef puissante, un bouchon

Fig. 10.

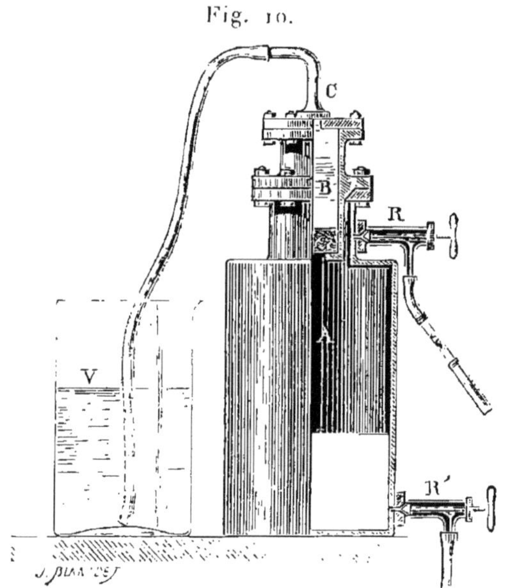

Appareil filtrateur à hautes pressions.

de bronze foré, à l'effet de comprimer énergiquement des rondelles de carton d'amiante, de papier filtre ou de toute autre substance poreuse, inaltérable ou à peine touchée par les températures de 150° à 180°; le bouchon reste alors à demeure jusqu'à la fin de la filtration. Deux robinets sont placés sur cette bouteille : l'un R en haut, sur le col, est destiné à pratiquer le vide dans le vase ou à laisser échapper l'air;

l'autre en bas, R', est affecté à la vidange du liquide filtré. Le cylindre, pourvu de son tampon bien sec, est fixé à la bouteille en interposant entre les surfaces appelées à adhérer, une rondelle de plomb, puis l'appareil est chauffé deux heures, soit vers 180°, soit à l'autoclave à 110°. Le vase refroidi, la douille du robinet R, garnie d'un tube de caoutchouc et d'un raccord en verre contenant une bourre stérilisée, est mise en communication avec une trompe ou tout autre appareil faisant le vide, tandis qu'on amène le liquide dans le cylindre B à la pression de l'atmosphère ou sous une pression plus élevée, suivant la nature de la substance filtrante et du liquide à stériliser. L'opération terminée, le robinet supérieur R est ouvert avec précaution, puis on distribue dans des ballons stérilisés, par l'intermédiaire d'une canule métallique vissée au robinet R', le liquide filtré destiné à être réparti plus tard dans les conserves à ensemencer.

Il est incontestable que les filtres de porcelaine sont aujourd'hui bien préférables aux divers appareils qui viennent d'être décrits; c'est pour cette raison que j'emploie uniquement la bougie Chamberland dans toutes mes nouvelles recherches. Cet appareil si commode a eu, comme les autoclaves, des détracteurs obstinés; on a reproché aux bougies de biscuits de ne pas filtrer les substances trop épaisses, de laisser passer difficilement le lait; cela ne peut être évidemment contesté, le papier lui-même, dont les pores sont beaucoup plus grands, ne filtre ni la boue, ni les gelées épaisses; mais où réellement apparaît le côté mesquin de l'esprit des contradicteurs, c'est quand on a affirmé que les bougies de porcelaine ne pouvaient pas retenir les microbes quand elles étaient fendues ou présentaient des défauts de continuité. Je ne nommerai pas l'auteur de cette découverte extra-

Fig. 11.

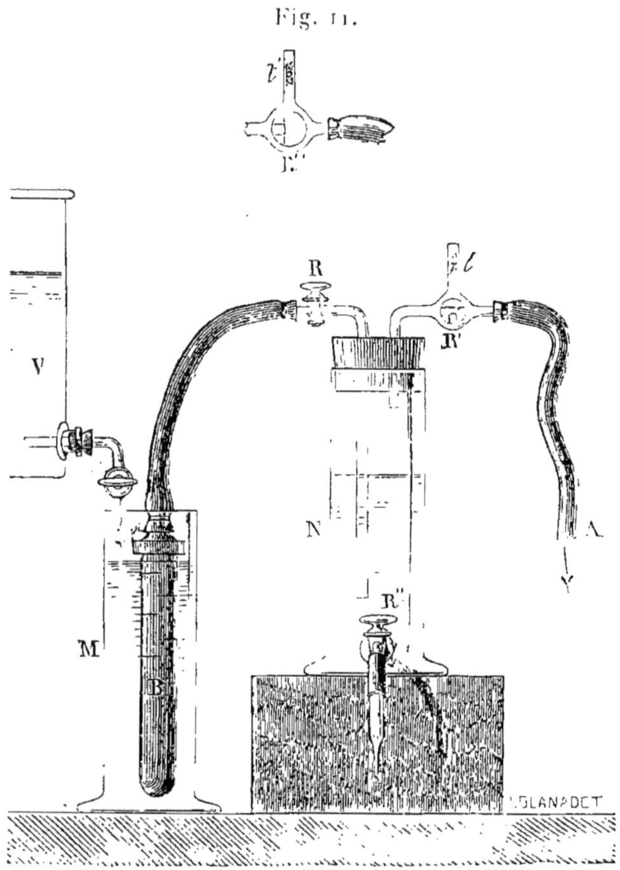

Appareil filtrateur construit avec une bougie Chamberland.

ordinaire, je préfère lui laisser la gloire de triompher modestement de cette vérité incontestable.

Pour la filtration des liquides par la bougie Chamberland, j'ai adopté dans mon laboratoire le dispositif reproduit par la *fig.* 11.

Comme on voit, ce système se compose essentiellement de deux éprouvettes M et N; l'éprouvette M reçoit le liquide à filtrer, l'éprouvette N reçoit le liquide filtré; le robinet R″, muni d'une pointe de verre mobile par l'intermédiaire d'un caoutchouc, sert à distribuer le liquide stérilisé à froid dans des vases purgés au préalable de germes, soit à l'autoclave à 110°, soit dans le bain d'air chaud à 180°.

Quand on veut entreprendre la stérilisation par filtration d'un liquide altérable, on commence par placer à l'autoclave à 110° pendant une heure l'éprouvette N unie à la bougie de porcelaine B au moyen d'un tube de caoutchouc à vide. Cette opération terminée et après le refroidissement, on ligature avec des bandes de caoutchouc le tube qui unit la bougie à l'éprouvette, puis, par un débit du liquide du vase V, gouverné par un robinet, on remplit l'éprouvette M et l'on pratique une aspiration énergique par l'intermédiaire du tube de caoutchouc A; le robinet R′ à trois voies doit à cet instant occuper la position indiquée dans la figure d'ensemble.

Sous l'influence de la pression atmosphérique, le liquide introduit dans l'éprouvette M traverse la porcelaine, se stérilise et parvient dans l'éprouvette N, qu'il remplit avec plus ou moins de rapidité suivant sa nature; quand cette dernière éprouvette est à peu près pleine, on suspend l'aspiration en A, on ferme le robinet R, et l'on dispose le robinet R′ comme cela est indiqué en R‴; à ce moment, la pression atmosphérique se rétablit dans l'éprouvette N, c'est-à-dire que l'air extérieur y pénètre en se filtrant à travers la bourre *t*′.

On procède alors à la distribution du liquide filtré,

après avoir cassé et flambé la pointe de verre mobile du robinet R″. Cette opération effectuée, on scelle de nouveau cette pointe, on rétablit l'aspiration, on dispose le robinet R″ comme la figure d'ensemble l'indique, et l'on ouvre enfin le robinet R, en rétablissant bien entendu l'écoulement du liquide du vase V, qui avait été suspendu pendant la vidange de l'éprouvette N. L'éprouvette remplie, on la vide de nouveau, et ainsi de suite. Le côté le plus délicat de cette opération est la construction de cet appareil de manière à éviter toute fuite; si les caoutchoucs ne sont pas ligaturés avec des fils élastiques, si les robinets R et R″ ne sont pas soigneusement graissés à la vaseline paraffinée, de même que le gros bouchon de caoutchouc qui ferme l'éprouvette N et le bouchon que porte le robinet R, l'air peut pénétrer par les moindres fissures et apporter des germes dans le liquide filtré à travers la bougie Chamberland. Les liquides qui peuvent aisément être stérilisés au moyen du dispositif qui vient d'être indiqué sont : les urines, le sérum de sang dilué, l'albumine d'œuf diluée, les liquides lymphatiques, les liquides séreux d'hydrocèles, etc. ; et encore : les sucs de fruits, des plantes herbacées (jus de pommes, de poires, de raisin, sucs de choux, de navets, de carottes), que l'on obtient aisément en coupant les fruits, les herbes, que l'on pile ensuite dans un mortier et qu'on soumet à la presse dans un sachet de toile résistante. Les sucs obtenus sont d'abord passés à l'étamine, ensuite filtrés au papier, et enfin dirigés à travers la bougie.

Je prépare les jus de viande en faisant macérer pendant une heure à 35° poids égal d'eau et de chair musculaire hachée; le tout est ensuite soumis à la presse, le jus recueilli est neutralisé, puis passé à l'étamine fine et soumis à la filtration à travers la porcelaine; on doit dans ce cas particulier opérer avec une certaine rapidité ou employer des mélanges réfrigérants pour maintenir le liquide destiné à être stérilisé à froid à une température voisine de 0°, car au bout de quelques heures il arrive parfois que ce jus présente des phénomènes manifestes de putréfaction.

Quand le liquide à filtrer à travers la bougie Chamberland est trouble ou louche, la porcelaine, qui d'abord fournissait assez rapidement une quantité notable de liquide, s'obstrue, et la liqueur ne tombe dans le récipient stérilisé que goutte à goutte. Pour remédier à cet inconvénient, on suspend l'aspiration, on substitue à l'éprouvette M une seconde éprouvette pleine d'eau claire, et avec le secours d'un écouvillon ou d'une brosse à dents, on lave la paroi extérieure de la bougie, puis, tout étant remis en place, la filtration recommence et se poursuit avec rapidité. Je ne m'étendrai pas sur les macérations qu'on peut pratiquer d'une façon aseptique, ce sont là des procédés beaucoup moins certains qui n'entreront jamais dans la pratique des laboratoires; j'en parlerai seulement pour mémoire.

Dans de l'eau privée d'organismes vivants, on introduit directement soit de la chair musculaire enlevée à un animal sain quelques minutes après sa mort, soit les parties charnues des fruits, des légumes verts ou tendres, des navets, des pommes de terre, enlevées avec le secours d'emporte-pièces chauffés, dont on vide le contenu avec des tiges flambées dans des matras ou des ballons d'eau stérilisée qu'on peut ensuite abandonner ouverts sur un plateau de verre rodé recouvert d'une cloche (voir *fig.* 12). Ces expériences sont parfois contradictoires : le liquide des vases se trouble, et la putréfaction se déclare dans la matière organique mise à macérer; mais il est aisé de reconnaître dans la plupart des cas qu'il s'agit d'altérations dues à l'ensemencement fortuit d'un microbe; avec un peu d'habitude et de soin, on arrive cependant à obtenir un nombre de succès

Fig. 12.

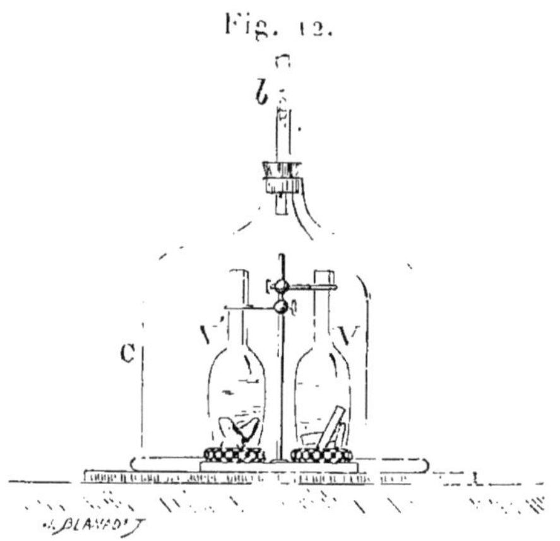

Appareil pour effectuer les macérations stériles.

vraiment remarquable (95 sur 100). Pour cela il faut opérer en plein air, après un temps pluvieux, loin de toute habitation, et éviter toutes les fautes opératoires, qui pourraient amener les germes qu'on veut précisément écarter. M. Chamberland a pu de son côté obtenir des infusions de haricots frais retirés directement de leur cosse verte, intacts; bien avant nos expériences. M. Pasteur avait prouvé que le suc de raisin puisé dans l'intérieur même du grain ne renfermait pas le moindre organisme vivant. Beaucoup plus récemment, dans les *Annales de l'Institut*

Pasteur. M. Fernbach s'est livré aux mêmes expériences, avec un dispositif presque semblable à celui que j'ai employé, et ses conclusions sont identiques à celles que j'ai données il y a huit à dix ans, soit dans les *Annuaires de Montsouris*, soit dans mon ouvrage sur les *Organismes vivants de l'atmosphère*.

Liquides naturels stérilisés par la chaleur. — On n'a aucun avantage à stériliser à chaud les liquides sécrétés par les animaux ou les végétaux, car, non soumises à l'action des hautes températures, ces liqueurs, qui contiennent d'habitude des principes albumineux coagulables au-dessus de 60° et 70°, jouissent d'un pouvoir nutritif supérieur à celui qu'ils présentent quand ils ont été fortement chauffés. L'urine est peut-être de tous les liquides sécrétés par l'économie animale celui qui a peu de chose à redouter de l'ébullition et des températures voisines de 110°.

Liqueurs nutritives artificielles stérilisées à froid. — Dans cette catégorie de milieux peuvent être rangés les bouillons ou les compositions similaires contenant des substances volatiles (carbonate d'ammonium, alcool, etc.) ou décomposables par la chaleur. Les milieux artificiels qu'on peut préparer en incorporant dans l'eau ou le bouillon des liquides albuminoïdes : sérum, lymphe, ou des sucs d'origine végétale, rentrent dans cette catégorie.

Liqueurs nutritives artificielles stérilisées à chaud. — On use dans les laboratoires de bactériologie d'une grande variété de liqueurs nutritives, indiquées sous les dénominations suivantes :

1° Des liqueurs dites minérales;

2° Des bouillons préparés extemporanément, soit avec l'extrait de viande Liebig, soit avec l'extrait de viande Cibils;

3° Des bouillons de bœuf, de veau, de poulet, de cobayes, de poissons, etc., purs ou associés avec des peptones;

4° Du bouillon de peptone pur;

5° Des décoctions de champignons (levures, champignons comestibles, moisissures, mycéliums);

6° Enfin d'infusions de navets, de choux, de foin, etc.

1° Les premières liqueurs appelées minérales furent préparées par M. Pasteur, pour démontrer, contrairement aux vues de Liebig, que la fermentation dite alcoolique s'effectuait en l'absence de toute matière plastique. En semant des globules vivants de levures dans un liquide ainsi composé :

	Parties.
Eau distillée	100
Sucre candi	10
Cendres d'un gramme de levure	0,075

M. Pasteur se fit fort de préparer une quantité d'alcool aussi considérable qu'on pouvait l'exiger. Cette expérience, si aisée à reproduire, porta un coup funeste aux théories de la fermentation universellement admises vers 1860 par les chimistes de toute nationalité.

La *solution de Pasteur*, très propre à nourrir les moisissures et quelques espèces bactériennes, qu'on y sème à l'état adulte, est bien moins favorable au rajeunissement des germes de l'air et des eaux. M. le professeur Cohn, de Breslau, modifia plus tard ce liquide, en retrancha le sucre candi, évidemment trop favorable à la nutrition des mucédinées; sa formule devint alors :

	Parties.
Eau distillée	100
Tartrate d'ammoniaque	1
Cendres de levure	1

Plus tard encore cette liqueur subit quelques modifications heureuses; elle fut additionnée de phosphate et de sulfate de magnésie, et sa composition fut fixée ainsi qu'il suit :

	Parties.
Eau distillée	200
Tartrate d'ammoniaque	20
Phosphate de potasse	20
Sulfate de magnésie	10
Phosphate tribasique de chaux	0,1

Ainsi préparée, la liqueur de Cohn est loin d'être sensible à l'action des germes des bactéries; cependant, exposée dans les lieux où les poussières abondent, ou encore additionnée de quelques gouttes d'eau, elle se trouble et se putréfie.

M. Rollin, Jaksch et beaucoup d'autres expérimentateurs ont créé des liqueurs de ce genre appropriées au développement d'une ou plusieurs espèces particulières; chacun peut les imiter, et l'on voit combien peuvent être nombreux les liquides nutritifs formés d'éléments minéraux et cristallisés.

2° Avant l'utilisation des décoctions de viandes pour la culture des bactéries, pendant longtemps on a préparé dans les laboratoires un bouillon fabriqué avec l'*extrait de Liebig*. Le bouillon type, que j'ai pendant longtemps mis en expérience à l'Observatoire de Montsouris, était préparé en dissolvant dans 1^lit d'eau 50^gr d'extrait de viande commerciale connu sous le nom d'*extractum carnis Liebig;* la solution effectuée, on la neutralisait à chaud par de la soude au $\frac{1}{10}$. Portée à l'ébullition et filtrée, cette solution doit se montrer sans action sur les réactifs colorants. Ce bouillon, stérilisé à 110°, fournit un très léger dépôt blanc, insoluble dans l'eau, que le microscope montre formé d'une poussière brillante à grains irréguliers, facile à distinguer des microbes vivants et de leurs spores. Sous l'action de la lumière, ce liquide, pourvu après sa préparation d'une belle couleur rouge ambré, se décolore de jour en jour et acquiert à la longue une teinte jaune très pâle. Ainsi obtenu, le bouillon Liebig possède à 18° une densité égale à 1,024. Le bouillon Liebig neutralisé est environ sept fois moins sensible que les bouillons de bœuf de peptone. Avec l'extrait Cibils, on prépare de même des bouillons analogues dont l'usage est indiqué pour la culture de certaines bactéries qui trouvent dans ces sortes de milieux une nourriture substantielle très abondante; d'autres espèces microscopiques n'y croissent jamais.

3° Je prépare le bouillon de bœuf en faisant décocter pendant cinq heures 1^kg de chair musculaire maigre de bœuf dans 4^lit d'eau; le bouillon, écumé dès le début de l'ébullition, est laissé en repos après sa fabrication, puis dégraissé par filtration à travers un linge mouillé, enfin neutralisé à la soude caustique. Cela fait, on le porte dix minutes à l'ébullition, on le filtre au papier et on le ramène au volume de 4^lit. Les bouillons de viande troubles, opalescents, lents à se clarifier, fournissant des dépôts même un mois après leur fabrication, sont toujours des bouillons mal dégraissés ou insuffisamment bouillis après la neutralisation.

Ce décocté possède à 20° une densité voisine de 1,003; évaporé au bain-marie, il fournit par litre 15gr d'un extrait sec, cassant, entièrement redissoluble, non granuleux, transparent comme la gomme arabique fortement colorée, d'un goût agréable, différant essentiellement de cette substance antihygiénique vendue sous le nom d'*extrait de viande Liebig*. En ajoutant au bouillon de bœuf 10gr de sel marin par litre, on obtient un bouillon salé remarquable par sa sensibilité aux germes de l'air et des eaux; sa densité s'élève alors à 1,009.

On prépare de même des bouillons avec la chair musculaire de veau, de poulet, de lapin, de cobaye, de poisson, etc.; avec des organes d'animaux : foie, rate, pancréas, poumons, etc. Ces derniers bouillons sont souvent très troubles après leur préparation et filtrent très difficilement; on arrive à les obtenir d'une magnifique limpidité, d'abord en les dégraissant soigneusement après leur refroidissement complet, puis ensuite en les clarifiant au moyen de l'albumine d'œuf, comme cela sera indiqué quelques pages plus loin lors de la préparation des milieux nutritifs solides.

4° On a également substitué au bouillon de bœuf pur des bouillons mixtes formés de décoction de chair musculaire et de peptone; je ne vois pas pour ma part l'intérêt qu'il peut y avoir à employer ces mélanges. Les bouillons de peptone sont généralement plus sensibles à l'égard des bactéries que les décoctés de viande préparés avec les soins que j'ai indiqués; en outre, ils ont l'avantage d'être d'une préparation très facile, et de pouvoir pour ainsi dire être mathématiquement dosés.

Je me bornerai de formuler à cette place quelques *desiderata*, relatifs à l'adoption des mêmes milieux nutritifs, afin que les essais des divers expérimentateurs puissent être aisément comparés.

Je proposerai, par exemple, de donner au bouillon de culture usité pour l'analyse quantitative des eaux la composition suivante :

	gr
Peptone	20
Sel marin	5
Cendres de bois	0,10
Eau ordinaire	1000

Dans l'eau placée sur le feu, on fait dissoudre le sel et la peptone, on ajoute les cendres de bois, et l'on porte à l'ébullition durant quelques minutes. Ce bouillon est légèrement alcalin par la raison que les cendres et les peptones possèdent ordinairement une réaction franchement alcaline; on ajoute alors pendant l'ébullition quelques gouttes d'une solution faible d'acide tartrique, de façon à rendre le liquide aussi neutre que possible. On a conseillé des bouillons de peptone plus concentrés et jugé de l'altérabilité de ces liquides nutritifs d'après le trouble plus ou moins intense que les micro-organismes peuvent y produire; cette manière de voir n'est pas conforme aux faits : l'altérabilité d'un bouillon n'est pas proportionnelle à la quantité de substance nutritive ajoutée; au contraire, passé une certaine limite, elle devient inversement proportionnelle au poids de la peptone employée; pour la peptone Chapoteaut qui me sert, cette limite est voisine de 30 pour 1000.

La gélatine d'un pouvoir nutritif correspondant, à peu près, à celui du bouillon présente la composition suivante :

	gr
Peptone	20
Sel marin	5
Cendres	0,10
Gélatine	100
Eau	1000

5° On évitera d'employer les gélatines acides ou trop alcalines, et surtout les gélatines commerciales qui ont été antiseptisées au moment de leur préparation par des fabricants peu scrupuleux, dans le but de les empêcher de *tourner* pendant le séchage. On se trouvera bien de l'emploi de la gélatine Coignet n° 1 ou des gélatines Nelson vendues en filaments.

Les gelées végétales, de lichen et d'agar, sont beaucoup moins aptes à favoriser le rajeunissement des microbes; d'ailleurs la gélose ordinaire ou agar ne fond qu'à de hautes températures (65-75°), elle est encore très chaude au moment où elle peut se prêter à la fabrication des plaques ; plusieurs espèces fragiles résistent déjà mal à 40°-45°.

Les décoctions de champignons, des vastes mycéliums, et notamment des levures de bière, ont été fabriquées en vue de favoriser la multiplication de quelques microphytes. Ces décoctés sont souvent troubles, et demandent à être clarifiés au moyen du blanc d'œuf.

6° Enfin on a de même utilisé les bouillons de navets, de choux, de foin, sucrés ou non sucrés; l'eau de foin qui a joui d'une si grande réputation en Angleterre et en Allemagne est du plus mauvais emploi : son degré de sensibilité à l'égard des microbes la range parmi les liqueurs dites minérales, tandis que les décoctions de feuilles de choux, de navets sont plus putrescibles que le bouillon Liebig.

Milieux solides.

Ces milieux peuvent également être divisés :

1° En milieux solides naturels;

2° En milieux solides artificiels.

Je joindrai à ces subdivisions une troisième classe de milieux solides mixtes, fabriqués en mélangeant à la gélatine stérilisée au préalable des liquides animaux ou végétaux, stérilisés par filtration à froid.

Milieux solides naturels. — Dans cette catégorie de milieux, on peut comprendre la pulpe des fruits (oranges, citrons) utilisés pour la culture des moisissures; le parenchyme des fruits charnus : poires, pommes, carottes, etc.; la pomme de terre, dont les tranches coupées au moyen d'un couteau stérilisé, après la désinfection de la partie extérieure du tubercule par le sublimé corrosif, a été employée pour cultiver certaines espèces chromogènes et pathogènes. Parmi les liquides animaux, le sérum du sang coagulé vers 70°, d'après le procédé que le Dr Koch a indiqué, est employé pour la culture du bacille de la tuberculose. Plusieurs auteurs ont également fait usage de l'albumine d'œuf également coagulée à basse température, 50°-55°, etc.

Milieux solides artificiels. — Au nombre des terrains solides usités pour la culture des schizomycètes, on peut employer :

1° La gélatine nutritive;

2° La gélose peptonisée;
3° La gelée de lichen;
4° Les mucilages.

1° La gélatine est presque généralement employée pour la confection des milieux de cultures solides; sa préparation ne présente pas de grandes difficultés; il faut néanmoins avoir suivi les différentes opérations que son obtention à l'état de limpidité exige, pour être capable de l'obtenir avec les qualités requises par les expériences de bactériologie. La clarification de cette gelée par filtration à travers le papier est longue et pénible : c'est pour cette raison que ce mode d'opérer a été à peu près abandonné.

Au contraire, il est facile, au moyen de l'albumine d'œuf, d'obtenir dans des conditions déterminées et du premier coup une gelée absolument claire, quelle que soit la proportion de gélatine employée qui dépasse d'ailleurs rarement plus de 10 pour 100.

Dans une capsule de cuivre étamée à l'étain pur, argentée, ou encore mieux en fer controxydé, on verse 1200^{gr} d'eau ordinaire. Cette capsule placée sur un fourneau, on jette dans cette eau 20^{gr} de peptone, 5^{gr} de sel et on ajoute une pincée de cendres de bois. Lorsque le liquide est arrivé à peu près à l'ébullition, on retire la capsule, on ajoute sans tarder 100^{gr} de gélatine et on active la dissolution de cette substance en agitant avec une spatule. Si on ajoutait la gélatine dans le liquide placé sur le fourneau, on s'exposerait à voir cette dernière se coller au fond de la capsule et s'y brûler sous l'action directe de la flamme du fourneau. Ce premier temps de l'opération accompli, on procède à la clarification du liquide de la manière suivante :

La capsule est remise sur le fourneau dont la flamme a été considérablement baissée, de façon à amener avec lenteur le liquide à l'ébullition. Pendant ce temps, on réunit deux blancs d'œufs dans une petite capsule de porcelaine à manche, auxquels on ajoute environ poids égal d'eau distillée. On bat ce mélange quelque temps, de façon à activer la solution de l'albumine; puis on fait tomber en un mince filet, dans la capsule placée sur le feu, l'eau albumineuse qu'on vient de préparer, en ayant soin d'agiter constamment la solution de gélatine. Cela fait, on abandonne ce liquide à lui-même jusqu'à ce que les grumeaux d'albumine coagulée viennent former à sa surface une croûte blanchâtre et mousseuse. On éteint le feu dès que se manifestent les premiers signes de l'ébullition. Alors, au moyen d'un écumoir, on enlève l'albumine réfugiée à la surface du liquide qui est versé sur une étamine destinée à retenir les grumeaux répandus dans la masse. De cette étamine, le liquide tombe dans un vaste entonnoir de verre garni d'une forte bourre de coton hydrophile qui achève de le clarifier complètement. Cette filtration doit être effectuée avec le liquide très chaud, et on la voit s'accomplir, même en hiver, en moins d'un quart d'heure. Il reste à distribuer la gélatine parfaitement limpide dans les vases mêmes où devront s'effectuer les cultures, et finalement à stériliser ces vases avec leur contenu.

2° La gélose nutritive se prépare comme la gélatine, cependant son obtention exige quelques précautions particulières qu'il est utile de signaler.

La gélose n'ayant pas tendance à se coller à la partie inférieure de la capsule, on peut la mettre dissoudre dans l'eau en même temps que le sel et la peptone. Quand la gélose est dissoute, ce qui exige une demi-heure à trois quarts d'heure, même quand la proportion de cette substance ne dépasse pas 20gr par litre, on procède à la clarification, comme pour la gélatine; mais, au lieu de recevoir la solution de gélose passée à l'étamine dans un entonnoir muni d'une bourre de coton hydrophile, on la reçoit sur un papier filtre ordinaire, qu'elle traverse avec beaucoup de rapidité en donnant un liquide d'une limpidité magnifique. M. de Freudenreich a préconisé la filtration des solutions de gélose à l'autoclave; cette opération me paraît superflue quand on a procédé à la clarification au blanc d'œuf comme je viens de le dire; de même que la gélatine, la gélose fait l'objet d'une répartition méthodique dans les vases destinés à la culture; il faut cependant se hâter et opérer avec le soluté très chaud si l'on ne veut pas voir apparaître un commencement de solidification qui gêne beaucoup cette opération.

Les vases à culture renfermant de la gélose stérilisée à l'autoclave offrent un terrain solide, opalescent, quelles que soient les précautions que l'on prenne.

Plusieurs auteurs ajoutent à la gélose ordinaire une quantité de glycérine variant de 1 à 3 pour 100; cette substance, qui favorise dans quelques cas le développement des micro-organismes (bacille de la tuberculose, Nocard et Roux), empêche également la dessiccation rapide de ce terrain nutritif.

3° Pour obtenir de la gelée nutritive de lichen, on peut faire digérer directement le *Fucus crispus* lavé, soit dans du bouillon de bœuf préparé à l'avance, soit dans du bouillon de peptone préparé extemporanément; la quantité de frondes de lichen Carraghaen à ajouter par litre de liquide varie de 30gr à 40gr suivant qu'il est frais ou sec. Après une digestion à 100° prolongée pendant plusieurs heures, on passe le décocté à travers un tamis qui retient les frondes mucilagineuses du lichen, et le *filtratum* est de nouveau porté à l'ébullition, puis passé à travers une étamine placée dans un entonnoir à filtration chaude. La limpidité de ce milieu nutritif n'est jamais absolue; il conserve une légère opalescence inférieure à celle que présente la gélose. Ce milieu nutritif peut être employé pour les cultures solides qui exigent une température comprise entre 30° et 40°, mais son usage est surtout indiqué dans la préparation des plaques étendues soit sur le verre, soit sur du papier, et dont on désire colorer les colonies au bleu d'indigo.

4° Les mucilages se préparent avec de la gomme adragante, ou avec des semences de coings.

On commence par laver soigneusement la gomme adragante à l'eau froide, puis on l'imbibe de 5 à 6 fois son poids d'eau, et on la laisse en digestion à basse température pendant douze à vingt-quatre heures. Le magma qui résulte de cette macération est repris par plusieurs fois son volume de bouillon ou d'eau nutrifiée avec 2 pour 100 de peptone; on fait bouillir le tout pendant quelques minutes, et on passe avec expression à travers un linge fin. Ce terrain demi-solide est encore plus louche que la gélose, mais il présente comme la gelée de lichen la faculté de regonfler sous l'influence des liquides, quand il a été desséché sur des lames de verre ou des feuilles de papier.

A côté des graines de coings on peut utiliser les mucilages fournis par la graine de lin.

Milieux solides mixtes. — J'appelle ainsi des gelées préparées au moment du besoin avec des liqueurs animales ou végétales stérilisées à froid, de façon à obtenir des terrains éminemment nutritifs pour les espèces qui réclament, par exemple, à être cultivées dans le jus de viande, les sucs végétaux qui, avons-nous déjà dit, ne résistent pas sans perdre de leurs propriétés fécondantes aux températures élevées de l'autoclave.

On confectionne ces milieux de la façon suivante. A de la gelée simple chargée de 20 pour 100 de gélatine, qu'on a fait fondre à 30°-40°, on ajoute, au moyen de pipettes flambées, les liquides végétaux ou animaux stérilisés par filtration à froid, on opère leur mélange avec la gélatine fondue, en agitant longuement; les conserves ainsi obtenues sont placées pendant une vingtaine de jours à l'étuve, de façon à s'assurer que durant les manipulations il ne s'est pas introduit de germes capables d'altérer ultérieurement la sincérité des résultats; quand cet essai préalable donne des résultats négatifs, ces milieux mixtes sont mis en expérience comme les gelées nutritives stérilisées à 110°.

Nous connaissons maintenant les divers instruments et les divers milieux usités dans les essais quantitatifs des eaux : il nous reste à savoir comment se pratiquent ces recherches bactériologiques.

IV. — De l'essai préliminaire et des divers procédés usités pour le dosage numérique des bactéries des eaux.

Ce dosage rapide consiste à déterminer, au préalable, dans un laps de temps très court, la richesse approximative d'une eau en bactéries. Il est nécessaire de le pratiquer quand on a recours à la méthode du fractionnement des eaux dans le bouillon ; il rend aussi de grands services dans les analyses par les plaques de gélatine lorsqu'on ne possède aucune donnée sur la quantité probable des germes vivant dans les liquides.

Cet essai s'effectue ainsi : l'eau, parvenue au laboratoire, est distribuée par goutte à l'état naturel dans 4 à 5 conserves de bouillon stérilisé ; puis diluée au 1 : 100, au 1 : 1000, au 1 : 10000 et au 1 : 100000 si on le juge utile. Une goutte de ces diverses dilutions est introduite dans des séries de 12 petits vases de bouillon. Ces conserves sont exposées pendant vingt-quatre heures entre 30° et 35°. Au bout de vingt-quatre heures un simple coup d'œil montre à quelle puissance l'eau reçue doit être diluée.

En effet, si, par exemple, 2 vases des 12 qui ont reçu une goutte d'eau au 1 : 1000 se sont altérés, on peut être certain que l'eau renferme au moins 4 bactéries × 4 par gramme d'eau au 1 : 1000, par la raison qu'en moyenne, au bout de vingt-quatre heures, le quart des bactéries à éclore dans le bouillon manifestent leur présence par un trouble ou des dépôts spéciaux parfaitement discernables.

Donc, 1gr de l'eau considérée offrira au minimum

16000 bactéries. Cette donnée précieuse va nous servir à établir le dosage proprement dit sur des bases certaines. Il est vrai qu'on retarde ainsi de vingt-quatre heures l'analyse quantitative et qu'on est contraint de prolonger pendant tout ce temps le séjour de l'échantillon dans la glace, mais cela n'est pas d'une grande importance, l'analyse qualitative, c'est-à-dire la plus utile, pouvant être commencée dès l'arrivée de l'eau.

Méthode par les ensemencements fractionnés dans les liquides. — En adoptant, comme exemple, le cas qui précède, c'est-à-dire celui d'une eau qui, diluée au 1 : 1000, accuse 16000 bactéries par centimètre cube à l'essai préliminaire, il est aisé de déduire que chaque centimètre cube d'eau au 1 : 1000 devant renfermer environ 16 bactéries, les conserves de bouillon, pour s'altérer dans la proportion de 20 pour 100 devront recevoir une goutte d'eau au 1 : 3000. Je n'insiste pas, comme je l'ai promis, sur ce procédé délicat et difficile à appliquer par les débutants, mais qu'on rend beaucoup moins chanceux par les ensemencements multiples à 1, 2 et 3 gouttes, ce qui laisse l'opérateur absolument maître de choisir les séries de cultures qui répondent aux exigences voulues et de négliger les séries qui, au contraire, sont trop riches en cas d'altérations. Je passe sans retard à la description du procédé que j'ai appelé *mixte*, basé sur le fractionnement de l'eau dans la gélatine coulée en plaques.

Procédé mixte. — Ici, l'opérateur n'est plus gêné par la crainte de dépasser le taux des conserves altérées que comporte un bon dosage dans la méthode précédente; il lui importe peu que toutes les plaques montrent 1, 2 et 3 colonies; ces taches microphytiques seront, tout au moins, séparées les unes des autres par un espace convenable et il pourra sûrement les apercevoir en surveillant journellement les ensemencements, tandis que dans les vases de bouillon le trouble ne lui indique nullement s'il est produit par une ou plusieurs bactéries. L'expérimentateur va, il est vrai, renoncer au bénéfice de l'incubation à la température de 30-35°, ce qui est un point à considérer dans les analyses très précises, mais je suppose qu'il tient surtout à obtenir des résultats comparatifs et simplement cette indication relativement peu importante qui découle des dosages quantitatifs vulgaires.

L'eau diluée au titre voulu, on l'ensemence à la dose d'une ou plusieurs gouttes dans des flacons coniques contenant une couche de 5^mm à 6^mm de gélatine, qu'on a fait fondre au préalable dans une étuve chauffée vers 40°. J'emploie d'habitude une douzaine de ces flacons, ce qui permet d'obtenir un facteur très approché et met l'observateur à l'abri d'un accident fortuit comme il s'en présente assez fréquemment (bris, liquéfactions prématurées, envahissements par les mucédinées, etc.). Si 1 ou 2 flacons se trouvent dans de mauvaises conditions, il en reste toujours un nombre suffisamment élevé qui permet le calcul exact du nombre de germes.

Bien que ce calcul soit d'une très grande simplicité, je ne trouve pas déplacé d'en donner ci-après la formule générale :

Si A gouttes d'eau, au 1 : $b\,10^{n}$, ont donné un nombre C de colonies, 1^{cc} d'eau naturelle en contiendra

$$\frac{25 \times C \times b \times 10^n}{A}.$$

On suppose dans cette expression que la pipette donne 25 gouttes par centimètre cube.

Toute l'analyse quantitative se trouve résumée dans ces quelques lignes.

Je n'ai pas à dire comment on distingue les colonies bactériennes des colonies dues aux moisissures; un exercice de quelques jours peut fixer à cet égard l'opérateur; cependant il est des cas douteux qui réclament le secours du microscope pour trancher définitivement cette question.

Les bactéries qui se développent sur les plaques sont des êtres aérobies, indifféremment aérobies, ou anaérobies; il est parfois important de doser également les eaux en organismes anaérobies, c'est-à-dire ne pouvant se développer qu'à l'abri absolu de l'oxygène, comme le vibrion septique et le bacille du charbon symptomatique. On a vanté pour cela beaucoup de méthodes : la culture des plaques dans des gaz inertes, dans l'azote ou l'hydrogène; quelques auteurs se sont même adressés au gaz d'éclairage et à l'acide carbonique, comme si ces deux derniers gaz n'étaient pas toxiques pour les bactéries; on a essayé le vide, qui donne encore de très bons résultats. De mon côté, j'ai décrit, pour la culture des espèces anaérobiennes, un procédé beaucoup plus pratique, qui consiste à se servir de la gélatine ou du bouillon, séparés de l'atmosphère ambiante par une couche suffisamment épaisse d'une substance fusible à 40°, formée d'un mélange de vaseline et de paraffine. J'emploie pour cela des tubes à essais étranglés pleins de bouillon ou de gélatine fondue jusqu'au milieu de l'étranglement, qui reçoivent ensuite une couche d'un hydrocarbure fusible et le système est placé à l'autoclave, à la température stérilisante de 110°, qui expulse également tout l'air dissous. Les huiles employées par quelques bactériologistes ne peuvent rendre le même service.

Bien que les êtres anaérobies parfaits soient relativement rares dans les eaux de source et de rivière, on les rencontre assez abondamment dans les eaux souillées par les résidus des fermentations industrielles (cuves à indigo, fabriques d'amidon, tanneries, etc.), dans les eaux d'égouts et de vidanges : aussi peut-on tirer quelques renseignements utiles de leur dénombrement.

A cet effet, on fait fondre dans un bain d'eau porté entre 40° et 45° la gélatine et la couche isolante des tubes étranglés, puis, au moyen d'une pipette graduée et flambée à pointe très fine, on introduit au sein du liquide la quantité d'eau pure ou diluée qu'on désire doser en bactéries anaérobiennes; enfin les vases sont exposés à 20-22°. Au bout d'un temps plus ou moins long, on peut voir apparaître dans la masse de la gélatine des colonies schizophytiennes offrant la forme habituelle des colonies aérobiennes; parfois ces colonies sont surmontées d'une bulle gazeuse plus ou moins volumineuse. Après 15 jours d'incubation, les colonies devenues apparentes sont comptées à travers le verre comme s'il s'agissait de bactéries écloses sur plaques. Quand on désire étudier les espèces nées à l'abri de l'air, on se trouve ici dans la nécessité de sacrifier le tube; on fera donc mieux de réserver ces instruments pour le simple comptage des anaérobies et d'employer les vases que je décrirai plus tard pour leur étude particulière.

Il me reste à décrire, en terminant ce paragraphe, l'étuve glacière que j'ai fait construire pour mon laboratoire à l'effet de conserver les eaux à la température

Fig. 13.

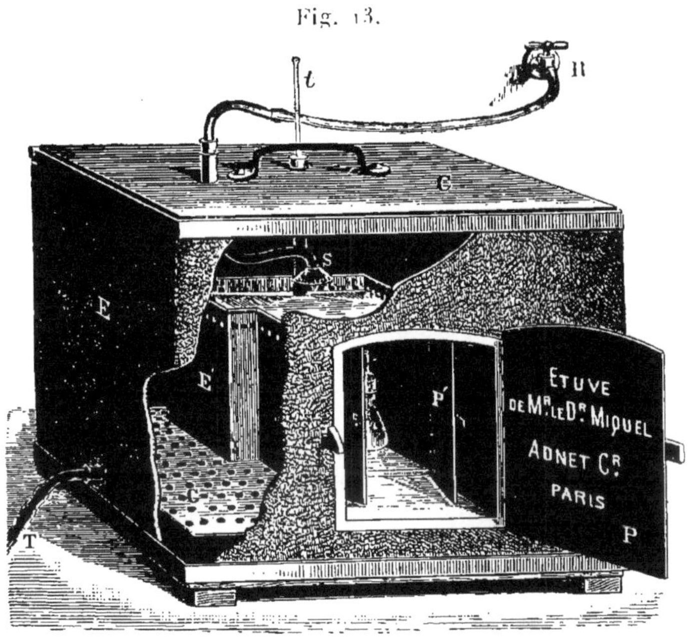

Étuve glacière et à basses températures.

de 0°. Comme la *fig.* 13 l'indique, cet appareil consiste en deux boîtes : l'une intérieure E', destinée à placer les échantillons devant être maintenus à 0°, et l'autre E, servant d'enveloppe à la première. L'étuve E' possède $0^m,26$ de largeur sur $0^m,22$ de profondeur et $0^m,20$ de hauteur; elle communique avec l'air extérieur au moyen d'un couloir muni de deux portes P' et P, la dernière porte P adaptée sur l'enveloppe extérieure.

L'étuve réfrigérante E repose sur un faux fond C muni d'ouvertures, de façon à laisser écouler l'eau de fusion de la glace qui s'échappe par le tube T, et empêche cette eau de fusion de se mettre en contact avec l'étuve intérieure.

La boîte E destinée à contenir la glace, large de $0^m,50$ sur $0^m,50$ de profondeur et $0^m,40$ de hauteur, est entourée d'un feutre isolant et d'un couvercle C à double paroi dans l'intérieur duquel on place de la sciure ou de la poudre de charbon de bois; un thermomètre T traverse ce couvercle et pénètre dans l'étuve intérieure, protégé par une gaîne métallique.

Quand on veut se servir de l'étuve, on la remplit de blocs de glace, et l'on fait en sorte de maintenir le niveau de la glace en morceaux, au moins à la hauteur de l'étuve intérieure E'. La température marquée par le thermomètre est rigoureusement égale à 0°.

Cet appareil peut également servir d'étuve froide pour les températures comprises entre 0° et 25°, quand, au moyen d'un tube muni d'une pomme d'arrosoir S, on fait couler, avec plus ou moins d'abondance, soit de l'eau de canalisation pour les températures comprises entre 14° et 20°, soit pour les températures plus froides, un filet d'eau glacée, qui permet d'obtenir les températures de 4° à 15°.

On peut d'ailleurs, au moyen des régulateurs pour le froid, tels que j'en fais exécuter par M. Adnet, constructeur de cette étuve, maintenir avec beaucoup de fixité la température de la chambre intérieure entre 4° et 20°, lorsque la température ambiante s'élève à 20° ou au-dessus.

V. — Procédés approximatifs.

A côté de ces procédés d'analyse micrographique des eaux, il en existe d'autres que j'ai antérieurement décrit, dont l'exactitude est moindre au point de vue qualitatif et quantitatif, mais qui possèdent une valeur comparative, pouvant se prêter à de simples rapprochements.

Les gelées végétales de lichen, les mucilages de semences de coings, de graines de lin et de gomme adragante nutrifiés avec de la peptone se prêtent aux genres de recherches que je vais exposer.

Premier procédé. — On introduit dans une série de ballons bitubulés de 100^{cc} de capacité (voir *fig.* 14)

Fig. 14.

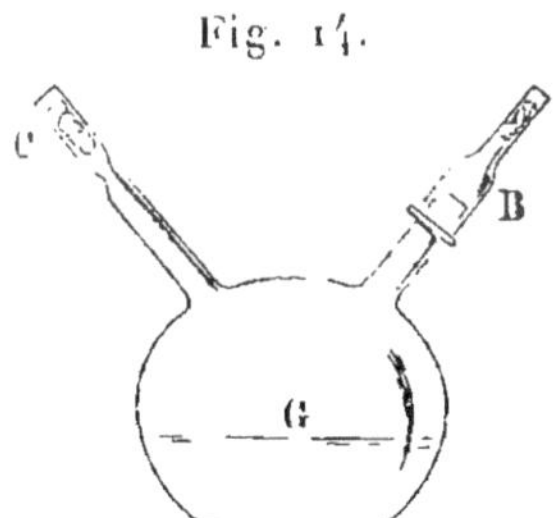

Flacon à gelées de lichen et mucilages stérilisés.

30^{cc} à 40^{cc} de gelée de lichen peptonisée, puis ces ballons sont stérilisés à l'autoclave à 110° pendant une demi-heure. D'autre part, on purge de germes, soit au bain d'air, soit dans la vapeur sèche, un système formé d'une cloche tubulée à capuchon rodé C surmonté d'une cheminée (*fig.* 15). Cette cloche s'applique très exactement sur une plaque de verre usée à l'émeri, supportant une lame de verre très épaisse soutenant une feuille de papier bristol carrée ou ronde PP, dont les bords sont relevés de façon à former une petite cuvette.

Le moment de l'analyse venu, la gelée de lichen est fondue à 40°, puis versée par la tubulure de la cloche sur le papier bristol; dans le moment même on ajoute à cette gelée l'eau qu'on veut doser en bactéries, en

Fig. 15.

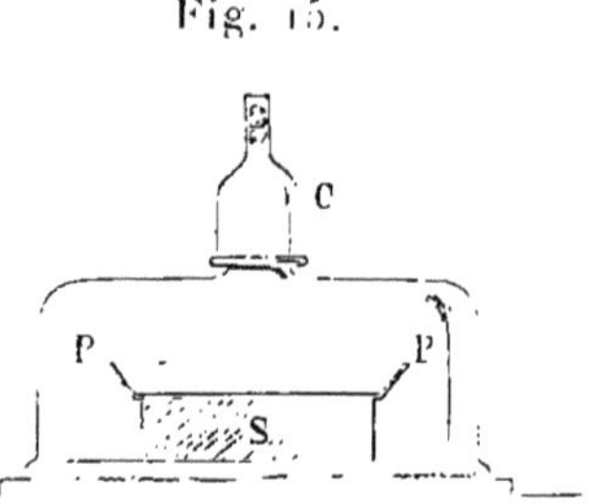

Vase incubateur pour plaques sur papier.

répartissant aussi régulièrement que possible cette eau à la surface de la gelée de lichen, à laquelle on imprime finalement quelques mouvements de flux et de reflux. La prise s'opère bientôt et l'appareil est alors abandonné à l'étuve chauffée à 30°, pendant quinze à vingt jours.

Au bout de ce temps, le papier, enlevé de sous la cloche, est rapidement séché dans une étuve à courant d'air chaud et sec, ou à froid, à l'abri des poussières, dans le vide sur un cristallisoir rempli de chlorure de calcium desséché. Il ne reste plus qu'à colorer les colonies développées sur le papier, puis enfin à les compter.

On prépare aisément, comme je l'ai dit, de la gelée

de lichen en faisant macérer pendant plusieurs heures, dans du bouillon de bœuf ou du bouillon de peptone filtré et chauffé vers son point d'ébullition, du lichen blanc (*Fucus crispus*) retenu dans un sachet de toile fine; la dose de lichen à employer est de 50^{gr} par litre. La coction achevée, le liquide filant ainsi obtenu est filtré à chaud à travers une étamine ou une bourre de coton hydrophile. Quelle que soit la limpidité du *filtratum,* la gelée de lichen, en se prenant, devient opalescente ou un peu louche, ce qui ne présente ici aucun inconvénient.

Second procédé. — Cette seconde méthode repose sur la faculté que possède la gelée de lichen d'absorber promptement un volume d'eau considérable après qu'elle a été desséchée en lames minces sur une feuille de papier. Ce terrain, infertile à l'état sec, récupère ses facultés nutritives et peut, après avoir été convenablement humecté, nourrir des bactéries qui se développent sur les deux faces du papier.

Ainsi donc, l'analyse micrographique des eaux par les papiers nutritifs est de la plus grande simplicité. Le papier nutritif, taillé en rectangle, muni d'un fil suspenseur en platine, est enveloppé de papier joseph, introduit dans un autoclave et chauffé une heure à 110°; le papier sort de l'appareil sec et purgé de tout germe.

Au moment de l'analyse, on le pend par son fil suspenseur en platine dans une éprouvette bouchée à l'émeri (voir *fig.* 16), on le tare et on le plonge dans l'eau à doser; les couches nutritives gonflent rapidement, et au bout de cinq minutes l'opération est terminée. Il reste à connaître le poids de l'eau absorbée, ce que donne une seconde pesée, et à placer le tout à l'étuve sous une cloche dont l'air est lui-même saturé d'humidité.

Les colonies ne tardent pas à se développer en taches diversement colorées sur le papier nutritif : tantôt elles sont très confluentes si l'eau est impure, tantôt elles sont rares quand l'eau est pauvre en bactéries et en mucédinées. Au bout de 8 à 15 jours, lorsqu'on s'est

Fig. 16.

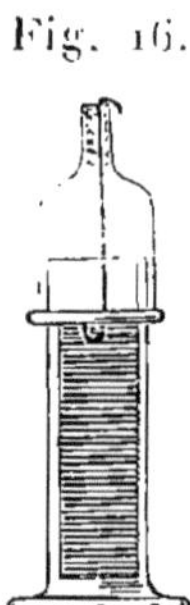

Flacon incubateur pour bandes de papier nutritifié.

assuré que le nombre de taches n'augmente pas sensiblement, le papier est retiré du vase incubateur et porté dans une étuve à air chauffée vers 45° ; quand le papier est tout à fait sec, on colore par le procédé suivant les colonies microphytiques devenues presque invisibles, lorsqu'elles n'appartiennent pas aux espèces chromogènes.

Technique de la coloration. — A. Le papier nutritif, récent ou ancien, sec ou humide, couvert de taches microbiennes ou de moisissures, est plongé pendant quelques minutes dans une solution aqueuse d'alun cristallisé, puis dans de l'eau ordinaire.

Cette opération préliminaire a pour double but d'insolubiliser légèrement la gelée et de mordancer les surfaces à colorer.

B. La bande de papier, bien lavée, est alors immergée pendant vingt à trente secondes dans une solution de sulfate d'indigo titrant 2^{gr} d'indigotine pure par litre. Ce bain se fait de la façon suivante : 2^{gr} d'indigotine cristallisée sont mis à digérer pendant vingt-quatre heures avec 40^{gr} à 50^{gr} d'acide sulfurique fumant de Saxe, et le mélange qui en résulte, devenu soluble, est jeté dans 1^{lit} d'eau ; on neutralise partiellement la liqueur très acide, et l'on a ainsi la solution prête pour l'usage.

Au contact de la liqueur sulfindigotique, le papier et les bactéries se colorent promptement; on pousse au noir la teinte des colonies et des moisissures, qui se détachent très visiblement sur la teinte moins foncée acquise par la gelée.

C. Il s'agit maintenant de remplacer le fond bleu clair de la gelée par un fond blanc; on y arrive en introduisant, après un lavage soigné, la feuille dans un bain de permanganate de potasse à 1 pour 1000; la gelée bleu clair passe au violet, ensuite au rose; on lave une troisième fois et l'opération est terminée. Il importe de suivre attentivement cette dernière manipulation, qui dure environ une demi-minute : l'action trop prolongée du permanganate affaiblirait la teinte des colonies; si l'expérimentateur commettait cette faute, le mal serait aisément réparable, il suffirait de replonger le papier dans l'indigo.

D. Pour donner plus de blancheur aux épreuves et

arrêter immédiatement l'action décolorante du permanganate resté en excès sur la gelée, on peut laisser séjourner quatre-vingts secondes la bande de papier dans un bain faible d'acide oxalique (de 3 à 5 pour 100), puis enfin on lave à grande eau.

Les bactéries et les moisissures apparaissent finalement en beau bleu sur fond blanc; en séchant, les couleurs acquièrent une plus grande intensité.

VI. — Nécessaire pour l'analyse bactériologique des eaux.

Ce nécessaire consiste en une boîte possédant environ $0^{m},38$ de haut sur $0^{m},35$ de large et $0^{m},22$ de profondeur (voir *fig.* 17). Cette boîte est partagée en deux étages. L'étage le plus inférieur est formé d'un tiroir divisé en 15 compartiments destinés à recevoir chacun une plaque de gélatine en flacons coniques de 5^{cm} de diamètre à la base.

Immédiatement au-dessus de ce tiroir se trouve placée une plaque métallique de laiton pouvant se tirer à l'extérieur et destinée à faire fondre la gélatine sur le lieu même de l'expérience; il suffit, en effet, pour cela, de la chauffer en un point au moyen de la lampe à alcool représentée dans la figure et de disposer au-dessus de la plaque les flacons coniques.

L'étage supérieur de la boîte renferme deux vases à dilution pouvant contenir chacun 500^{gr} d'eau stérilisée, deux vases en pouvant contenir 50^{gr}, et enfin deux flacons Freudenreich pouvant en contenir 10^{cc}; à côté de ces vases se trouve placée la lampe à alcool, et le flacon destiné à contenir ce liquide inflammable.

Dans un râtelier situé contre la paroi la plus postérieure de la boîte, on place dans des tubes à essais des pipettes jaugées et stérilisées, comme cela a été indiqué page 44, et des pipettes compte-gouttes pour le fractionnement également purgées de germes.

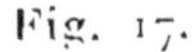
Fig. 17.

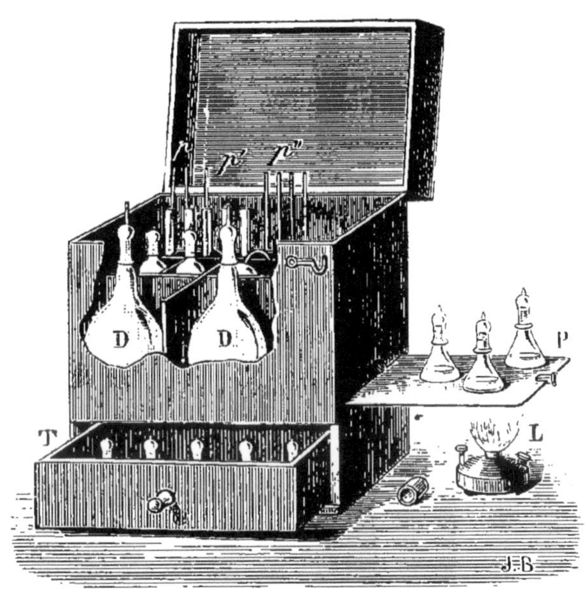

Nécessaire pour l'analyse bactériologique des eaux, construit par la maison Alvergniat.

Ces indications sommaires sont suffisantes pour le lecteur qui a lu attentivement les quelques pages consacrées à la description du matériel usité pour l'analyse des eaux par le procédé mixte. Ce nécessaire contient en outre quelques flacons, quelques plaques, qu'on réserve pour l'analyse qualitative, et un petit vase spécial à pointe mobile effilée et à deux tubulures, sorte de pipette à boule, qui sert à recueillir l'eau qu'on veut analyser sur les lieux et à la transporter au laboratoire, afin de pratiquer les essais complémentaires qu'on juge convenables.

CHAPITRE IV.

ANALYSE QUALITATIVE.

I. Considérations générales sur les méthodes d'investigation. — II. Recherche des espèces zymogènes. — III. Recherche des espèces pathogènes. — IV. Des flores bactériennes.

I. — Considérations générales sur les méthodes d'investigations.

Plusieurs opérateurs croient leur besogne bien avancée, sinon leur tâche terminée, quand, après les opérations toutes mécaniques de l'ensemencement et du dénombrement, ils sont parvenus à déterminer par centimètre cube d'eau le nombre des microbes qui peuvent se développer sur une plaque de gélatine; comme statistique, ce chiffre n'a rien d'absolu, ainsi que j'ai pris soin de le faire remarquer, car il ne tient pas compte des bactéries nombreuses qui peuvent se développer au-dessus de 22° et de celles qui ne croissent jamais dans la gélatine nutritive à peu près neutre dont on se sert dans les laboratoires de bactériologie.

Si ces mêmes expérimentateurs s'assuraient au moins par le microscope des tribus auxquelles appartiennent les organismes formant les colonies, ce travail constituerait une indication qui n'est pas dénuée d'intérêt; ce serait en tout cas un acheminement vers

8.

la détermination botanique des espèces. Généralement, j'ai le regret de le dire, ce travail si simple n'est pas fait; que dirait-on cependant à un chimiste qui, chargé de l'analyse d'un minerai, répondrait que l'échantillon soumis à ses investigations contient 1gr d'une substance blanche, 3gr d'une substance jaune, 10gr d'une substance métallique? On lui demanderait certainement de préciser la nature de ces corps colorés, de compléter ses recherches qualitatives, enfin de donner un nom aux substances que l'énoncé d'une seule propriété organoleptique ne caractérise en aucune manière. Les analystes qui se contentent de désigner les bactéries par les expressions de colonies rouges, jaunes ou blanches, sont exactement dans le même cas; ils ne disent rien qui puisse éclairer les intéressés sur la nature des microbes des eaux qu'ils ont reçu mission d'examiner au point de vue micrographique.

Cependant, le micrographe peut et doit dire si le liquide qu'on lui a envoyé renferme des micrococcus, des bacilles, des bactériums ou des spirilles, dans quelles proportions ces micro-organismes s'y trouvent; il peut également déterminer, parmi ces espèces, celles qui sont pathogènes, zymogènes, chromogènes, rares ou vulgaires. Depuis plus de quinze ans que je suis adonné à l'analyse bactériologique des eaux, j'ai pu isoler des divers échantillons qui me sont parvenus plusieurs milliers de bactéries qui possèdent avec des caractères morphologiques bien tranchés des fonctions biochimiques très diverses. Je connais, par exemple, une douzaine de ferments lactiques, 5 à 6 ferments butyriques, une dizaine de ferments sulfhydriques, 3 bactéries s'attaquant au phosphore rouge et blanc, pour donner des hydrogènes phosphorés, 40 ferments ammoniacaux, plusieurs ferments de l'acétification, quelques bactéries alcoologènes, 60 espèces bactériennes capables de produire la fermentation putride, dont 4 déterminent dans la gélatine et les bouillons la production d'une odeur stercorale caractéristique : la présence de ces dernières bactéries est l'indice certain de la contamination des eaux par les matières provenant du tube digestif de l'homme ou des animaux, etc.

Comme on peut en juger, une analyse micrographique complète n'est pas une opération banale : elle exige, avec beaucoup d'expérience, des connaissances très étendues et de bon aloi. Pour mener à bien une analyse qualitative des microbes des eaux, autant que cela est actuellement possible, il faut posséder des notions précises de microbotanique, de chimie, de médecine, à défaut desquelles on est arrêté à chaque pas; tandis que, pour faire un simple dosage quantitatif, il suffit d'être, au contraire, qu'on me permette cette expression dure mais juste, un garçon de laboratoire intelligent.

Personne, je parle de ceux qui ont l'expérience des essais bactériologiques, ne méconnaîtra le bien-fondé de mon appréciation et ne se refusera d'avouer avec moi que l'analyse biologique complète d'une eau est une opération hérissée de difficultés, qui ne sauraient être résolues que par des savants depuis longtemps adonnés aux études bactériologiques.

L'analyse sérieuse d'une eau peut exiger de plusieurs semaines à plusieurs mois d'un travail difficile et constant; j'ajoute que, dans l'état actuel de nos connaissances, il est souvent impossible de la compléter, par la raison que plusieurs des espèces bactériennes que l'on rencontre nous sont encore inconnues, et demandent pour être déterminées des études auxquelles personne ne s'est encore livré.

Mais, parce que l'analyse qualitative des eaux est une chose encore peu praticable, s'ensuit-il qu'on ne doive pas la tenter avec les documents malheureusement pleins de lacunes que nous offre l'histoire des infiniment petits? Ne rien faire du tout en prétextant qu'il y a trop à faire est une mauvaise raison dont ne saurait se prévaloir l'analyste.

Ce qui effraye surtout le débutant, c'est l'immensité du travail à accomplir; ce qui lui manque, ce sont des méthodes pour coordonner ses recherches. Je vais m'efforcer de lui en tracer quelques-unes en déclarant à l'avance que je les trouve très incomplètes et surtout très perfectibles.

A son arrivée au laboratoire, l'eau à étudier au point de vue qualitatif sera répartie dans plusieurs vases stérilisés, et ces échantillons divers feront, aussitôt que possible, l'objet des recherches spéciales que je vais décrire.

Par l'action de quelques agents physiques, on pourra isoler plusieurs groupes de bactéries perdues dans la foule des espèces communes.

Avec l'aide de quelques agents chimiques, on arrivera au même but; mais j'ajoute qu'ici les ressources dont on dispose sont autrement nombreuses quand on sait les utiliser.

Comme agents physiques, la chaleur apparaît comme le moins infidèle. L'eau versée dans un vase de verre allongé en forme de matras, muni d'un capuchon rodé et tubulé ou de toute autre fermeture aseptique, fera d'abord l'objet de plusieurs plaques, puis ce vase sera placé dans un bain dont on élèvera progressivement et lentement la température jusqu'à 100°; durant cette ascension, on prélèvera aux étapes que je considère comme les plus importantes, c'est-à-dire à 50°, 65°, 80°, 100°, quelques centimètres cubes d'eau qui seront répartis dans des vases de bouillons, des plaques de gélatine et de gélose.

La gélatine ensemencée tout d'abord servira à déterminer les espèces qui croissent à basse température; la gélose nutritive exposée dans des étuves, ou mieux dans des bains chauffés à 30°, 40°, 50°, 60°, 70°, permettra de découvrir les espèces que j'ai appelées *thermophiles*, dont le développement n'est surtout manifeste qu'au delà de 40°. Ces microbes appartiennent pour la plupart aux bacilles endosporés : pourtant, tous les bacilles endosporés ne croissent pas aisément à 40°-50°; c'est pour ce motif que les plaques de gélatine et de gélose maintenues à 20° et 30° fourniront souvent des organismes dont les spores seules ont la faculté de résister à 80°-90° et parfois à 90°-100°, alors que les êtres adultes qui en procèdent sont déjà fortement éprouvés par des températures supérieures à celle du corps humain.

Ainsi donc, en associant le fait de la destruction des bactéries par la chaleur, avec leur faculté de croître à des températures plus ou moins élevées, on arrive à découvrir plusieurs espèces qu'on aurait cherchées en vain, dès l'abord, parmi les nombreuses bactéries écloses sur les plaques de gélatine fabriquées avec l'eau naturelle ou diluée.

En se servant simultanément de la chaleur et des réactifs chimiques, on obtient des résultats très encourageants, ainsi qu'il ressort des recherches du Dr Vincent sur le bacille typhique.

Cette méthode consiste à ajouter des quantités plus ou moins élevées d'un réactif déterminé dans un volume connu de gélatine ou de bouillon, de façon à obtenir un milieu capable de favoriser le développement exclusif d'une espèce ou d'un petit groupe d'espèces.

Les réactifs qu'on peut employer à cet effet sont assez nombreux : je citerai bientôt les plus importants.

En outre, pour déceler les propriétés zymogènes de quelques espèces, on se servira avec succès de la saccharose, de l'alcool, de la glycérine, de l'urée, et enfin, pour mettre immédiatement en évidence la nature acide ou alcaline des sécrétions bactériennes, l'usage des réactifs colorants est précieux; au nombre de ceux-ci on peut employer le tournesol, la cochenille, le bleu Coupier, l'hématoxyline, etc.

Le sulfindigotate de soude sera employé pour établir le pouvoir réducteur de quelques microphytes.

Le tournesol et les autres substances colorantes virent différemment sous l'influence de telles ou telles espèces; le sucre, la glycérine servent à la recherche de quelques ferments particuliers; les organismes de la fermentation sulfhydrique noircissent les sels de plomb; l'urée accuse la présence de tout un groupe de bactéries très répandues dans la nature; le mercure, le fer ajoutés à doses minimes paralysent le développement de plusieurs tribus de bactéries, alors qu'elles ne s'opposent pas d'une façon efficace au développement de plusieurs autres.

La méthode que je viens d'indiquer, appliquée

avec discernement, amène à des résultats très remarquables; mais elle exige au préalable l'étude des propriétés des microbes, qui se trouvent le plus généralement répandus dans les eaux.

Dans une analyse qualitative soignée, chaque microbe devra donc être examiné au point de vue de sa morphologie, de ses propriétés biochimiques, qui seront décelées, soit par l'action directe du micro-organisme sur telle substance dissoute dans les bouillons de cultures, soit par les produits de sécrétion de ces mêmes micro-organismes qui sont souvent de nature diastasique; enfin par l'inoculation du microbe lui-même, ou de la diastase sécrétée, parfaitement filtrée à travers la porcelaine, on établira sa pathogénèse. Après cet ensemble de recherches, on arrivera non seulement à poser les bases d'un diagnostic solide de l'espèce considérée, mais à établir également le degré de virulence qu'elle exerce vis-à-vis des animaux.

Comme on en peut juger, nous sommes actuellement bien loin des dosages quantitatifs vulgaires; à l'analyste, lecteur plus ou moins habile de colonies, doit maintenant succéder un expérimentateur doué d'aptitudes spéciales et possesseur de connaissances bactériologiques très étendues. Je me permets de douter qu'en une dizaine de leçons, ainsi qu'on a cru pouvoir l'affirmer, il soit possible de former des élèves capables d'aborder la question ardue du dosage qualitatif des eaux, où les problèmes difficiles se rencontrent à chaque pas.

Considérant, d'autre part, qu'il importe surtout aux intéressés que l'analyse des eaux soit surtout qualitative, c'est-à-dire de nature à les renseigner sur le nombre et la qualité des espèces malfaisantes répandues dans les eaux, servies à telle ou telle population, on voit qu'il est malaisé à l'analyste de se soustraire à l'obligation de posséder toutes les connaissances que comportent les dosages à la fois qualitatifs et quantitatifs.

II. — Recherche des espèces anaérobies.

L'anaérobiose découverte par M. Pasteur, contestée d'abord par M. Brefeld et plusieurs autres savants, est aujourd'hui universellement admise; l'observation de l'anaérobiose chez les êtres infiniment petits nous offre un moyen très précieux pour caractériser certaines bactéries et effectuer la séparation de cette classe d'organismes des êtres appelés par opposition *aérobies*.

On appelle microbe *anaérobie* celui qui peut vivre à l'abri de l'oxygène gazeux et qui se montre capable de respirer au moyen de l'oxygène des substances plastiques ou hydrocarbonées. Plusieurs de ces êtres anaérobies peuvent également se multiplier au contact de l'air, y présenter même une végétation très luxuriante; ces êtres sont alors appelés *anaérobies facultatifs;* on pourrait, il me semble, réserver le nom d'*anaérobies parfaits* aux micro-organismes qui ne peuvent croître qu'à l'abri absolu de l'oxygène de l'air, comme, par exemple, le microbe du tétanos et du charbon symptomatique.

Pour cultiver les êtres anaérobies on a vanté de nombreux procédés ayant tous évidemment pour objet de soustraire les micro-organismes et leurs semences à l'action de l'oxygène gazeux. M. Pasteur a employé à cet effet des vases entièrement pleins de liquides fermentescibles, stérilisés, dont la tubulure effilée et recourbée en col de cygne plongeait dans du mercure purgé de germes. M. le Dr Buchner a conseillé d'absorber l'oxygène gazeux dans l'enceinte même de la culture au moyen des pyrogallates alcalins. Le Dr E. Roux a pensé, avec raison, que les organismes aérobies pouvaient se charger de cette absorption laissée par M. Buchner au soin des substances chimiques oxydables. Le vide peut être, de même, employé avec succès, et à son défaut les gaz inertes, tels que l'azote, l'hydrogène purs amenés dans les milieux de culture pour balayer d'abord l'oxygène gazeux et ensuite pour les entourer d'une atmosphère inactive.

D'autres, je le répète, ont employé à tort l'acide carbonique gazeux et le gaz d'éclairage qui, s'ils ne s'opposent pas à la vie de plusieurs microbes anaérobies, frappent de mort ou paralysent le développement d'un grand nombre d'espèces.

De tous ces procédés, la méthode employée tout d'abord par M. Pasteur, est celle qui me semble donner les résultats les plus satisfaisants, car il est plus facile de chasser par la chaleur l'air dissous dans les substances nutritives ou adhérant aux vases, que par les pompes à vide, dont le fonctionnement n'est pas toujours parfait. Pour avoir un milieu propice aux anaérobies, il suffit donc de chasser complètement l'oxygène de l'air, et cela fait, de s'opposer à ce qu'il puisse revenir en contact avec le milieu nutritif.

On arrive aisément à obtenir des bouillons, des gélatines, des géloses absolument privées d'air en les recouvrant avant leur stérilisation d'une forte couche d'un mélange de paraffine et de vaseline.

Vaseline	98
Paraffine	2

On peut aussi ajouter à cette composition quelques centièmes de cire vierge, ce qui augmente l'infusibilité du mélange qui ne fond pas encore à la température de 40°.

Pour les cultures à haute température on se servira avec avantage du mélange suivant, rétractable, il est vrai, dans sa partie centrale, mais très adhérent au verre et infusible à 50°.

Vaseline	90
Cire blanche	8
Paraffine	2

Ces compositions sont imperméables à l'air; elles sont assez plastiques pour prendre à la température ordinaire la forme des vases sous l'influence de la pression atmosphérique; elles permettent de plus aux liquides de se dilater sans cesser d'adhérer aux parois des vases de verre, par conséquent elles ne laissent jamais échapper la moindre goutte de liquide inclus. Par mesure extrême de précaution, on peut d'ailleurs, si l'on veut, verser au-dessus des couches solides une seconde couche de mercure de plusieurs centimètres de hauteur.

On a conseillé, pour remplir le même but, les huiles et les hydrocarbures liquides à la température ordinaire. Je ne crois pas qu'avec ces substances on puisse s'opposer d'une façon absolue à l'accès de l'air à la surface des milieux nutritifs. Les huiles sont d'ailleurs d'un emploi très peu recommandable : souvent elles troublent les milieux de cultures, se saponifient partiellement à l'autoclave, ne présentant en un mot que des inconvénients et pas un seul avantage.

Pour la recherche et la culture des organismes anaérobies, je conseille l'usage des flacons cylindriques de Freudenreich (voir *fig.* 18) de 3 à 5 centi-

Fig. 18.

Flacon de M. de Freudenreich.

mètres de diamètre, munis d'une couche de gelée ou de bouillon de $0^{m},02$ de hauteur sur laquelle on verse une couche d'égale épaisseur de vaseline paraffinée. On peut encore employer des petits tubes à essais non étranglés et de dimensions longitudinales très restreintes. Ces vases stérilisés à l'autoclave une fois refroidis sont prêts à servir.

Ils peuvent être mis en expérience de la manière suivante :

Les vases contenant le terrain nutritif sont placés à l'étuve, chauffée vers 45°, jusqu'à ce que la couche isolante blanche ait fondu et repris l'apparence d'un liquide parfaitement limpide. Alors, au moyen d'une pipette flambée graduée, très effilée, on porte le liquide à analyser dans la couche nutritive en imprimant à l'effilure un mouvement circulaire lent pendant l'écoulement de l'eau à analyser, de façon à la répartir aussi également que possible dans la gélatine. Quand on opère avec des bouillons, cette précaution est superflue.

L'espèce développée à l'abri de l'air dans les cultures liquides, on va à sa recherche, au moyen de pipettes à pointes très fines en traversant de part en part la couche isolante, ou, si c'est une colonie formée dans les gelées, on peut, au moyen de tubes de verre flambés à paroi mince, enlever la couche isolante dans la direction de la colonie ; ce tube creuse pour ainsi dire une sorte de puits jusqu'au substratum solide dans lequel on dirige un fil de platine pour prélever quelques parcelles de la colonie à la manière habituelle. Si l'opérateur a quelque habileté, au lieu de se servir du fil de platine, il continuera à enfoncer le tube de verre dans le terrain nutritif et saisira en son entier la végétation microbienne ; il la ramènera aisément au dehors par un mouvement brusque et tournant du tube dont l'extrémité supérieure sera hermétiquement fermée avec le doigt. Le tube agit dans ce cas comme un emporte-pièce, et, en soufflant avec une certaine force par son extrémité supérieure, on en fait sortir le boudin de substance nutritive ayant englobé la colonie.

La quantité d'eau à introduire dans les milieux nutritifs pour étudier les espèces anaérobiennes, doit être environ 100 fois plus élevée que pour la numération des bactéries par le procédé mixte.

L'eau de la Vanne, choisie comme exemple, renferme très peu d'organismes anaérobiens, de 2 à 10 par centimètre cube, alors qu'elle montre en moyenne 800 bactéries sous le même volume. Les eaux de rivière devront être diluées au millième, et on ajoutera 1 centimètre cube de cette dilution dans les milieux tenus à l'abri de l'air. L'eau d'égout sera diluée seulement au 1 : 10000, etc.

L'observateur qui se livre à l'étude des anaérobies ne perdra pas de vue que la gélatine, tenue à l'abri de l'oxygène atmosphérique, bien que non visiblement peuplée de colonies, fourmille de germes invisibles qui n'attendent que l'afflux d'un peu d'air pour se développer manifestement. Cette considération devra donc l'obliger d'aller très soigneusement à la recherche de l'espèce anaérobie; il puisera la semence destinée aux cultures dans le sein même de la colonie, et, pour plus de sûreté, il procédera à des purifications successives effectuées à l'abri de l'air.

La plupart des microbes anaérobies que l'on récolte ainsi sont de même aérobies, les êtres anaérobies *parfaits* étant d'une grande rareté.

C'est par une étude ultérieure, c'est en pratiquant des cultures à 30°, 40° et 50° dans les bouillons et la gélose, qu'on parvient à caractériser ces diverses espèces. Ici particulièrement on doit se défier de la gélatine qui se montre très souvent impropre à l'éclosion et à la multiplication des anaérobies parfaits, tandis que ces derniers croissent au contraire très bien dans les bouillons peptonisés chargés de sucre ou d'un peu de glycérine (2 pour 100 environ).

III. — De la recherche des espèces zymogènes.

Il s'agit, dans le cas que nous envisageons, de déterminer les ferments figurés connus aujourd'hui sous les noms de ferments lactiques, butyriques, acétiques; les microbes producteurs d'alcool, d'acide sulfhydrique; les agents de la transformation de l'urée en carbonate d'ammoniaque, de la nitrification, etc. Pour diagnostiquer ces espèces douées de fonctions biochimiques bien nettes, il importe de laisser à l'arrière-plan tous les caractères microscopiques tirés des modes de croissance de l'aspect des cultures, et de placer ces espèces dans les milieux où elles sont capables de produire en abondance les substances qu'elles savent élaborer. On devra donc pouvoir créer à volonté des milieux sucrés, alcooliques, chargés d'urée, de soufre, de sels ammoniacaux, etc.; mais, comme il est difficile d'avoir à sa disposition à l'avance, même dans un laboratoire bien outillé, des milieux de cultures stérilisés chargés de toutes les variétés de sucres et de bien d'autres substances propres à caractériser les ferments, on pourra se contenter d'avoir sous la main un milieu nutritif solide et liquide type ou normal, auquel on ajoutera extemporanément au moment de l'ensemencement un volume connu de telle solution appropriée stérilisée à l'avance.

Si, dans 9^{cc} de gélatine fondue, on incorpore 1^{cc} de sirop simple, on obtiendra un milieu renfermant environ 10 pour 100 de saccharose; si c'est un égal volume de solution d'urée à 50 pour 100 qu'on ajoute encore à 9^{cc} de gélatine, le milieu formé contiendra une quantité d'urée équivalant à 50 pour 1000, etc. Pour mettre en évidence les qualités sulfhydrogènes de plusieurs microbes, on ajoutera aux bouillons ou aux gelées quelques centièmes d'un lait de soufre précipité; pour favoriser le développement de l'hydrogène phosphoré que quelques bactériens peuvent déterminer, le soufre sera remplacé par un lait rouge de phosphore amorphe. Le phosphore rouge résiste très bien à la stérilisation de l'autoclave, le soufre sera simplement purgé de germes à 100°.

Quand on aura appris, par quelques essais préliminaires et la production de substances spéciales, la nature zymogène de l'espèce, on procédera à l'étude de la fermentation que détermine le micro-organisme, de façon à établir indubitablement la réalité de ses fonctions, seulement jusqu'alors soupçonnées.

La nature et la quantité des produits de ces actes physiologiques permettront sûrement d'assigner une place aux microbes considérés, soit parmi les ferments étudiés, soit à côté d'eux, si la littérature ne les a pas encore mentionnés.

L'observateur sera souvent surpris de découvrir, au nombre des organismes qui tomberont sous sa main, des ferments qui différeront essentiellement par leur morphologie, l'aspect de leur culture, des espèces connues jusqu'à ce jour ; ces ferments auront une puissance d'action très variable, mais cela ne saurait être regretté, car je le répète, à côté des caractères physiques réellement trop précaires, communs à une foule de bactéries, cette inégalité de leurs facultés physiologiques permettra d'attribuer aux espèces trouvées un rang en rapport avec le degré de leur énergie.

Il ne peut évidemment entrer dans mon esprit la pensée de passer en revue successivement tous les ferments, d'en étudier les caractères, la puissance et les diverses qualités, je désire conserver à mon opuscule un petit nombre de pages, et le consacrer à tracer rapidement les grandes lignes d'une analyse bactériologique complète. Les indications que je ne donne pas ici, on les trouvera dans les traités de Chimie biologique, et mieux encore dans les mémoires originaux fournis sur ces matières par les microbiologistes, auxquels est due la découverte des divers ferments; car j'ai maintes fois reconnu que, cédant à la nécessité de condenser en peu de pages beaucoup de faits, les auteurs qui ont la spécialité d'écrire des traités omettent, par la force des choses, bien des points importants qui sont loin d'être dénués d'intérêt pour l'analyste.

Les microbes que nous avons vu résister aux agents physiques, et notamment à la chaleur, présentent vis-à-vis des réactifs chimiques une sensibilité de même très variable : les uns meurent ou du moins ne se développent pas en présence de 1 : 1000 d'acides minéraux, de 5 à 10 pour 1000 d'acides organiques, tartriques ou citriques, tandis qu'il existe des bactéries qui peuvent croître très abondamment dans des terrains où la proportion de ces acides est notablement dépassée (2 à 3 pour 1000 d'acide sulfurique, chlorhydrique, azotique, 10 à 20 pour 1000 d'acide tartrique et citrique). On peut donc, en se basant sur ces faits, opérer des séparations d'espèces et établir par la même occasion des caractères très fidèles de diagnose. Parallèlement aux acides, on peut, au contraire, faire usage des alcalis, de la soude caustique de 1 à 5 pour 1000, du carbonate d'ammoniaque de 1 à 10 pour 100, et constater que si en général les alcalis sont favorables à la multiplication des bactéries, ils l'entravent dans plusieurs cas.

Les ressources que nous offre la Chimie sont pour ainsi dire illimitées; à côté des acides et des bases on emploiera avec succès les mercuriaux à dose très faible (1 : 10000 à 1 : 100000), les sels de fer, de cuivre, de plomb; les antiseptiques : la saccharine, le phénol, le thymol, l'iodoforme et d'autres corps dont l'énumération est ici inutile. Le procédé basé sur l'inégal pouvoir antiseptique de quelques corps sur les bactéries est précieux pour l'isolement des bactéries saprogènes. Depuis bien longtemps, j'emploie également dans ce but le sel marin dans des proportions variant de 5 à 15 pour 100, la glycérine dans les proportions de 10 à 20 pour 100, le borate de soude et l'acide borique sous le poids de 1 : 100; les acides benzoïque, salicylique à la dose de 1 : 2000, l'acide cyanhydrique à celle de 1 : 5000. Comme puissant modificateur des milieux de cultures, je place en première ligne l'iode, qui, ajouté en très faible quantité aux bouillons ou aux gelées nutritives, leur confère une infertilité des plus remarquables vis-à-vis d'un grand nombre d'espèces; le brome agit dans le même sens que l'iode.

Tous ces moyens d'investigation sont bons, surtout quand on désire faire porter l'analyse qualitative d'une eau sur un volume relativement élevé de liquide et rigoureusement il doit en être toujours ainsi, car il me paraît bien insuffisant d'étudier, au point de vue qualitatif, les micro-organismes contenus dans un centimètre cube d'eau ou une fraction de centimètre cube.

Comme les milieux sucrés ou autres employés à la recherche des ferments, les milieux acides, alcalins ou antiseptisés peuvent se préparer également au fur et à mesure des besoins, en ajoutant, au moyen de pipettes flambées graduées, à un volume connu de gélatine la quantité voulue de solution de la substance chimique titrée et stérilisée. Pour maintenir ces solutions à l'abri des poussières de l'air et des contaminations accidentelles, on pourra employer des flacons munis d'une fermeture aseptique; les flacons qui me semblent convenir le mieux sont ceux qui possèdent un capuchon rodé auquel est soudé une pipette et une tubulure latérale munie d'une bourre d'ouate, afin d'éviter la fuite du liquide par la pipette au moment de la stérilisation et d'assurer le rétablissement constant de la pression atmosphérique dans l'intérieur du flacon.

Je viens d'indiquer brièvement les divers moyens que le micrographe a à sa disposition pour aider à la découverte des espèces, quand les méthodes du fractionnement dans les bouillons et la dissémination des bactéries dans les plaques sont des moyens peu pratiques. Tout en se livrant à ces diverses opérations d'analyses, le micrographe aura, non seulement, la satisfaction de découvrir dans les eaux les microbes déjà connus, mais encore beaucoup d'autres qui n'ont fait l'objet d'aucune étude; en pratiquant une analyse avec soin, il lui sera presque toujours permis de faire marcher de front, avec des recherches dont l'intérêt peut être contestable, des travaux qui seront fort utiles pour la science bactériologique.

IV. — Recherche des espèces pathogènes.

Le but que doit poursuivre le micrographe dans les analyses bactériologiques de l'eau est sans contredit la découverte des organismes pathogènes, c'est-à-dire des espèces dangereuses pour l'homme et les animaux domestiques qui l'aident de leur force musculaire, ou le nourrissent de leur chair. En dehors de l'intérêt qui s'attache à toutes les recherches scientifiques, on ne doit jamais négliger le côté qui peut fournir des indications profitables à l'humanité; aussi je crois qu'il est capital de s'adresser à l'expérience pour apprendre si un liquide servi à l'alimentation de toute une population contient ou non des micro-organismes capables d'altérer plus ou moins profondément la santé publique. Malheureusement, nous devons confesser que, parmi les affections si nombreuses qui désolent spécialement l'espèce humaine, l'étiologie de beaucoup d'entre elles nous est inconnue; on ignore, par exemple, quels sont les microbes de la variole, de la rougeole, de la scarlatine, de l'athrepsie; je ne parle que des affections endémiques dans nos climats et qui revêtent parfois une forme très meurtrière. Il semble que l'on connaît mieux les micro-organismes qui produisent la fièvre typhoïde et le choléra, néanmoins on discute encore sur leur spécificité. Le Dr Klein n'admet pas les qualités pathogènes du spirille du Dr Koch; pour plusieurs, le *Bacterium coli commune* serait l'agent de la fièvre typhoïde, et non le bacille découvert par Eberth. Cependant il est incontestable qu'il existe autour de nous des bactéries très meurtrières et très nocives telles que : le *Bacillus anthracis*, le bacille de Nicolaïer, les organismes de la septicémie, qui se rencontrent dans le sol et dans les eaux.

Ce qui augmente encore l'utilité des analyses micrographiques au point de vue des bactéries pathogènes, c'est qu'à côté de l'intoxication qui peut se produire par le tube digestif, notre corps présente souvent à l'infection d'autres portes ouvertes : par exemple, les lésions résultant d'un acte physiologique comme chez les nouvelles accouchées, ou celles qui sont la suite d'un traumatisme comme chez les blessés. Le lavage des plaies avec des eaux impures peut être le point de départ d'accidents graves et même mortels, et si dans nos hôpitaux les chirurgiens voient leur statistique de guérisons s'améliorer de jour en jour, c'est grâce à la guerre incessante qu'ils livrent aux organismes inférieurs au moyen des pansements antiseptiques.

La recherche des microbes pathogènes dans les eaux doit donc être une des plus vives préoccupations de l'analyste, cependant il n'acceptera de déterminer dans les liquides que la présence des microbes pathogènes connus, et il devra se refuser à porter ses investigations sur les microbes dont l'existence est simplement soupçonnée, et que les bactériologistes n'ont pu encore découvrir dans le corps même des malades. Il n'est pas rare en effet de recevoir la demande, en apparence très naturelle, de rechercher dans une eau toutes les bactéries pathogènes, demande à laquelle il ne sera vraisemblablement pas facile de répondre d'ici à longtemps. Plusieurs fois, également, on m'a prié de rechercher dans une eau le microbe des oreillons et de la scarlatine; si cette découverte pouvait être faite, elle serait sans doute très méritoire pour l'analyste, cependant, il faut convenir qu'il n'est pas dans la pratique courante des dosages d'arriver ainsi d'emblée à déterminer des agents figurés pathogènes qui n'ont pu être isolés du corps des sujets qui en sont envahis.

Un micrographe ne doit songer à rechercher dans les eaux que les espèces bien étudiées et nettement isolées sous forme de cultures. Son premier soin sera donc de se procurer des échantillons très purs de bactéries capables d'engendrer les diverses maladies.

de cultiver ces microbes dans différents milieux, de les étudier au microscope et enfin de les inoculer aux animaux afin de se rendre un compte exact des lésions qu'ils engendrent. En un mot, il se livrera à un apprentissage hors lequel il se trouvera sans expérience et mal préparé pour mener à bien les recherches générales ou particulières qu'on réclame de lui.

L'importance de ce sujet me conduit à insister un instant sur les divers microbes dont l'existence du pouvoir pathogène n'est pas douteuse. J'indiquerai brièvement la façon de les isoler des eaux et je rappellerai succinctement les caractères propres à chacun d'eux en invitant le lecteur à s'en référer, pour de plus amples détails, aux travaux si nombreux publiés sur ces bactéries.

Bacille du tétanos.

Ce bacille, entrevu par Nicolaïer, étudié par Freudenreich et plusieurs autres auteurs, mais isolé à l'état de culture pure par Kitasato, s'obtient assez aisément en maintenant les eaux à la température de 70° pendant une heure, puis en ensemençant cette eau dans de la gélose peptonisée additionnée de 2 pour 100 de sucre; ces essais doivent être pratiqués de la façon que j'ai indiquée pour isoler les espèces anaérobies (*voir* p. 96 et suivantes).

On étudie attentivement au microscope des colonies blanches, surtout celles qui prennent une forme arborescente, et si parmi elles on découvre des bacilles terminés par une spore qui les fait ressembler à une épingle courte, on les cultive par piqûres dans de la gélatine et du bouillon tenus à l'abri de l'air. La piqûre dans la gélatine donne lieu à la production d'une sorte de culture en écouvillon, ressemblant beaucoup à celle du rouget de porc; mais les bacilles de ces premières cultures sont toujours munis d'une spore terminale plus volumineuse que le bâtonnet.

Une goutte de bouillon, envahie par le bacille de Nicolaïer, inoculée aux souris les tue en deux ou trois jours; 10 gouttes ou un demi-centimètre cube du même bouillon donnent le tétanos à un cobaye de forte taille et même à un lapin.

Le bacille de Nicolaïer est assez fréquent dans l'eau de la Seine et de la Marne; il se rencontre aussi dans les eaux d'égout.

Bactéridie charbonneuse.

Le bacille du charbon découvert par M. Davaine, étudié par MM. Pasteur, R. Koch et plusieurs autres auteurs, me paraît devoir s'isoler des eaux par le procédé suivant, du moins c'est ainsi que je suis parvenu à le mettre en évidence dans de l'eau de rivière artificiellement infectée par un faible nombre d'individus.

L'eau est portée à 65° pendant deux heures pour détruire la majeure partie des microphytes vulgaires ou autres qui ne résistent pas à ce degré de chaleur; puis le liquide est incorporé à de la gélatine dont on fait de nombreuses plaques. De préférence, on soumet à l'observation les colonies grisâtres formées de filaments enchevêtrés comme une poignée de cheveux, et encore les colonies qui fournissent des prolongements mycéliformes. On effectue ensuite des cultures dans du bouillon où l'espèce se développe en donnant un dépôt floconneux qui se réfugie au fond du vase. Dans la gélatine, le *Bacillus anthracis* donne une culture en forme de cyprès renversé qui liquéfie lentement le substratum. Enfin les bouillons inoculés à des souris les tuent en moins de vingt-quatre heures, et les cobayes succombent avant la fin du deuxième jour.

La bactéridie charbonneuse est un gros bacille qui se cultive au contact de l'air dans presque tous les milieux usités en bactériologie : dans le bouillon, sur la gélose, dans les urines, à la condition que ces milieux ne soient pas sensiblement acides. Tandis que le bacille du tétanos ne se retrouve pas dans le sang des animaux morts des suites de son inoculation, le sang des animaux morts du charbon fourmille de longs bâtonnets à extrémités assez nettement carrées.

Je n'ai jamais trouvé la bactéridie charbonneuse dans aucune des eaux servies à la population parisienne; je l'ai de même cherchée en vain dans les eaux d'égout et dans celles de la Bièvre qui reçoivent, comme on sait, les peaux, les déchets de peaux soumises au tannage, et dont quelques-unes sont certainement charbonneuses, ainsi que le démontrent les cas de pustules malignes observées chez les ouvriers tanneurs qui viennent se faire soigner dans nos hôpitaux. Si l'on ne boit pas des bactéridies charbonneuses à Paris, on en mange quelquefois, car il n'est pas rare que les inspecteurs de la boucherie soient appelés à saisir des viandes infestées par le *Bacillus anthracis*; comme témoignage irrécusable de ce que j'avance, je puis citer les cas de deux forts des Halles centrales qui, en portant de la viande sur leurs épaules, contractèrent au cou deux pustules malignes; l'un d'eux succomba à cette terrible affection à l'Hôtel-Dieu.

La bactéridie charbonneuse est quelquefois asporogène (Dr E. Roux); il faut dans ce cas éviter de chauffer les eaux au delà de 40°, afin d'éviter de détruire les bacilles adultes qu'il importe de rechercher.

Bacille typhique.

Le bacille d'Eberth se sépare des eaux par plusieurs procédés indiqués par MM. Chantemesse, Widal, Thoinot et d'autres auteurs; je donnerai ici celui qui me paraît le plus simple et le plus sûr; il est dû au Dr Vincent.

Dans un certain nombre de conserves de bouillon de bœuf peptonisé, ou simplement de bouillon de peptone, renfermant 7 décigrammes d'acide phénique cristallisé par litre, on introduit de quelques gouttes à quelques centimètres cubes des eaux à essayer, selon qu'elles sont pauvres ou très riches en bactéries. S'il s'agit d'eaux de source supposées contaminées par le bacille de la fièvre typhoïde, on pourra aller jusqu'à 100 centimètres cubes en prenant la précaution d'opérer dans un ballon ou dans un matras contenant au moins 1000 centimètres cubes de bouillon.

Les vases ainsi ensemencés seront portés dans un bain d'eau réglé à 42°; dès que ces vases sont devenus louches, on transporte quelques gouttes de ces cultures dans de nouveaux ballons ou tubes de petite dimension à demi pleins de bouillon phéniqué, et de même exposés à 42°; on pratique ainsi pour plus de sûreté 3 ou 4 inoculations successives.

Il est à remarquer que le *Bacterium coli com-*

mune et quelques autres espèces peuvent également se développer dans les conditions qui viennent d'être spécifiées.

On distingue assez facilement le bacille d'Eberth à forme typique du *Bacterium coli commune* par les caractères très tranchés que présentent ses cultures. En fabriquant des plaques de gelée, le bacille d'Eberth apparaît sous forme de colonies translucides nacrées; ensemencé sur pomme de terre, il donne un enduit léger brillant; il ne liquéfie pas la gélatine, etc.; donc il n'est pas difficile de constater la présence dans les eaux du bacille considéré comme l'agent de la fièvre typhoïde; j'ajoute, toutefois, quand ce bacille apparaît sous les aspects bien nets qui le caractérisent. Mais ce bacille se trouve souvent mélangé à d'autres espèces en bâtonnets également mobiles comme lui, désignés sous le nom de *bacilles pseudo-typhiques*. Ce qui est beaucoup plus grave, le bacille d'Eberth peut devenir lui-même l'objet de modifications profondes, et alors ses cultures ne rappellent en aucune manière celles qu'on trouve décrites dans les ouvrages classiques.

J'ai signalé, il y a plusieurs années, l'existence de ces pseudo-bacilles du typhus, dont quelques-uns se montrent dans l'atmosphère parisienne, et j'ajoute aujourd'hui qu'on obtient une variété jaune du vrai bacille d'Eberth en puisant ses semences dans de vieilles cultures normales, et en les cultivant pendant plusieurs semaines dans un milieu très pauvre en substances nutritives, tel que l'eau de rivière stérilisée. La crainte que j'aurais donc, pour un micrographe même soigneux, serait de voir le bacille du typhus passer inaperçu à ses yeux.

Toujours en vue de sauvegarder sa responsabilité, l'analyste affirmera simplement s'il a oui ou non découvert dans une eau le bacille d'Eberth ; c'est-à-dire, le bacille qu'on est convenu de considérer comme l'agent de la dothiénenterie, d'après ses aspects microscopiques et macroscopiques, jusqu'au jour où on s'apercevra que ce bacille est simplement l'un des agents qui jouit de cette faculté avec plusieurs autres.

En effet, la spécificité d'action de ce bacille me surprendrait avec d'autant plus de raison qu'il est rare de rencontrer une espèce qui ait le privilège d'exercer exclusivement une fonction zymogène déterminée. Plus on avance dans l'étude des infiniment petits et plus on constate que les fonctions attribuées autrefois à une espèce unique sont dévolues à une foule d'espèces microscopiques qui n'ont souvent entre elles aucune parenté morphologique. En outre, une fonction physiologique exercée par une bactérie peut se constater chez les moisissures, et *vice versa* des actions biochimiques exercées par les moisissures peuvent être exercées par les algues bactériacées.

Entre les questions : une eau peut-elle engendrer le typhus, ou une eau renferme-t-elle le bacille d'Eberth? il existe une différence très grande; le micrographe devra toujours se refuser à répondre à la première question, alors que son devoir sera d'affirmer la présence du bacille d'Eberth quand il aura l'occasion de le rencontrer.

Ce dernier bacille ne se rencontre jamais dans les eaux de sources qui ont pu échapper aux contaminations par les poussières extérieures ou par les liquides ayant servi à nettoyer les linges des malades et des personnes bien portantes. Je ne l'ai jamais isolé des eaux de la Vanne puisées à Montrouge, ni des eaux de la Dhuis. Il est au contraire très fréquent dans les eaux d'égout et les eaux de la Seine. Cette espèce pourra vraisemblablement s'isoler de ces eaux jusqu'à ce que les déjections des typhoïdiques et les eaux d'essangeage des lavoirs publics cesseront d'être amenées sans précautions aucunes dans les cours d'eaux.

On ne saurait donc s'étonner de rencontrer le bacille d'Eberth dans les eaux de rivière; ce qui serait vraiment surprenant, ce serait au contraire de ne point l'y trouver. Pour citer un exemple, je rapporterai que, dans les autopsies pratiquées à l'Hôtel-Dieu sur les personnes ayant succombé à la fièvre typhoïde, il était en usage de laver les intestins des cadavres en les adaptant à un robinet d'eau, de façon à en chasser rapidement tout le contenu, ce qui facilitait ensuite l'examen des ulcérations des plaques de Peyer; mais ces eaux de lavage du tube intestinal, où allaient-elles? Elles coulaient directement à la Seine par les égouts de la Cité. Voilà une cause, si je ne me trompe, d'infection et de propagation de la fièvre typhoïde par les cours d'eaux.

Spirille du choléra asiatique.

Cette espèce microscopique a été découverte par le Dr Koch dans l'intestin des cholériques. Elle est constituée par un bacille incurvé d'une longueur moyenne de $1^{\mu},5$; ses articles sont le résultat de la désagrégation d'un filament hélicoïdal de *Spirillum*.

Je n'ai pas eu encore l'occasion de trouver ce microbe dans les eaux distribuées à Paris. J'ai pratiqué quelques expériences artificielles pour étudier la séparation de cette espèce mélangée aux bactéries des eaux de la Seine. J'affirme que cette séparation est très laborieuse en raison de la similitude qu'offrent les colonies du spirille du Dr Koch avec beaucoup de colonies vulgaires.

Répandu dans des plaques de gélatine peptonisée, le *Spirillum choleræ asiaticæ* apparaît d'abord sous la forme de points blancs discoïdes à bords irréguliers, puis, quand la colonie grossit, la gélatine se liquéfie en infundibulum déprimé si la colonie est à la surface. Les cultures par piqûres donnent d'abord un trait blanc qui se convertit, au bout de 3 ou 4 jours, en un canal de gélatine liquéfié avec cupules infundibuliformes à ménisque concave. Sur la gélose, on obtient une couche jaunâtre visqueuse qui n'a rien de caractéristique, pas plus d'ailleurs que les aspects qui viennent d'être décrits et qui sont communs à une foule de microbes. La forme des articles courbes est plus précieuse à noter, mais elle est encore commune à quelques autres espèces, au *Spirillum* de Finkler et Prior, qui liquéfie la gélatine plus rapidement et à plusieurs micro-organismes que j'ai retirés des eaux d'égout, mais qui diffèrent de ces deux derniers spirilles par leur couleur : l'un d'eux est rougeâtre, il n'amène un commencement de liquéfaction de la gélatine qu'après une attente de huit jours; l'autre donne des cultures blanches sur la gélatine qu'il ne liquéfie jamais.

L'action du microbe du choléra sur les animaux est mal définie et se traduit par des effets contradictoires; d'après mes essais, je crois qu'il serait hâtif de tirer une conclusion quelconque des résultats tantôt positifs, tantôt négatifs qu'on obtient en inoculant aux petits mammifères le spirille en question.

Je répète que les eaux de rivière et les eaux de source que j'ai analysées ne m'ont jamais présenté le spirille du Dr Koch; d'ailleurs les bactéries en forme d'hélice y sont d'une rareté excessive; je n'ai trouvé dans les eaux de la Seine que le *Spirillum volutans,* qu'on parvient à cultiver dans les eaux à peu près pures, ou chargées à peine de 1 centimètre cube de bouillon peptonisé par litre d'eau stérilisée.

Je ne crois pas devoir mentionner ici les Staphylocoques pyogènes, qui se rencontrent très fréquemment non seulement dans les eaux, mais encore au sein des poussières de l'air; les Pneumocoques qu'on ne trouve pas habituellement dans les eaux, mais qui vivent et se multiplient dans la bouche des personnes bien portantes; je ne parlerai pas non plus du bacille de la tuberculose, si difficile à mettre en évidence dans l'air libre, et que je n'ai pu trouver en injectant aux animaux les boues visqueuses déposées sur des bougies en porcelaine ayant longtemps servi à filtrer les eaux de la Seine et du canal de l'Ourcq : ou les animaux soumis aux inoculations sont restés bien portants, ou ils ont rapidement succombé soit à la septicémie, soit à l'infection purulente, mais non à la tuberculose.

Les espèces septiques sont très fréquentes dans les eaux, et notamment dans les eaux sales et de vidange, mais suffit-il de démontrer que ces espèces sont meurtrières vis-à-vis des animaux pour établir qu'elles sont nocives à l'égard de l'espèce humaine. Ce qui est certain, c'est que leur nocuité dépend de la façon dont on les introduit dans l'économie : j'ai pu faire vivre pendant plusieurs mois des cobayes et des souris nourris avec du pain imbibé de cultures d'organismes septiques, alors qu'ils étaient tués en 24 heures ou 48 heures par l'inoculation sous-cutanée de quelques gouttes de ces mêmes bouillons; il n'est donc pas, en mon sens, légitime de conclure aux effets morbides d'une espèce absorbée par le tube digestif, d'après les effets qu'elle cause après injection sous la peau ou dans la cavité péritonéale. On sait effectivement que le suc gastrique détruit en peu de temps à peu près tous les microbes virulents étudiés jusqu'à ce jour.

Cependant, conclure de ces expériences qu'une infection par les eaux d'alimentation est un mythe, comme le jugent quelques auteurs, ce serait, je crois, aller contre des faits bien établis et reconnus exacts par la majeure partie des médecins. D'autre part, considérer comme nocives les eaux contenant des microbes capables de tuer des cobayes et des lapins par inoculation hypodermique, ce serait exagérer beaucoup leur pouvoir malfaisant.

Comme conclusion des pages qui précèdent, je conseille à l'analyste livré à l'étude microscopique des eaux d'apporter une grande circonspection dans ses affirmations, touchant le diagnostic des espèces même les mieux étudiées, de ne pas se hâter de conclure à la pathogénèse d'une eau par le résultat seul des inoculations aux animaux; car ces inoculations peuvent être meurtrières, alors qu'elles ne renferment pas d'espèces pathogènes connues, et, en revanche, elles peuvent être inoffensives pour les animaux, alors qu'elles en renferment de nocives pour l'homme. Si, imitant une pratique que j'ai longtemps mise en usage, on nourrit les animaux avec des cultures de microbes nocifs, on trouve généralement que l'ingestion de ces organismes reste sans effet. A l'état normal, l'homme offre de même une grande résistance aux bactéries pathogènes, mais on doit également envisager le cas où l'accoutumance aux microbes infectieux est encore à acquérir, où l'immunité peut être perdue, où enfin la porte peut s'ouvrir à l'infection contre laquelle il a longtemps résisté. Ces faits, d'observation vulgaire, justifient l'utilité des analyses micrographiques au point de vue des espèces bactériennes dites *pathogènes*.

V. — Des flores bactériennes.

Il est certainement prématuré de vouloir tenter, avec le secours des caractères inconstants et peu variés que présentent les bactéries, l'édification d'une flore qui puisse conduire l'analyste peu expérimenté à la détermination de l'espèce qu'il a sous les yeux. Cependant des efforts doivent être faits dans ce sens, et mon attention s'est portée depuis longtemps sur un semblable travail.

Le Dr Flügge nous a donné quelques essais de ce genre, basés sur la couleur et la forme des colonies écloses sur la gélatine. Je ne partage pas ses vues sur l'utilité pratique de semblables tableaux, et surtout je ne vois pas bien nettement le bénéfice qu'un expérimentateur novice peut retirer de ces classifications étroites et mesquines. Vouloir insérer dans un tableau restreint les légions innombrables des micro-organismes répandus dans la nature, les diviser, par exemple, en microbes liquéfiant et non liquéfiant la gélatine, c'est reléguer à un rang bien inférieur les caractères que je considère au contraire comme les plus importants.

On conviendra, je l'espère, avec moi, que les caractères tirés des dimensions micrométriques de la forme du microbe, alors qu'on ne connaît point les diverses phases de son cycle évolutif, sont très précaires; que les notions tirées de la couleur des colonies, couleur qui varie, on peut l'affirmer, depuis le jour où l'espèce devient nettement visible jusqu'à plusieurs mois après sa croissance, sont à peu près inutiles à consulter; que la forme des colonies, si variable, suivant qu'elles sont dans la profondeur ou à la surface des substratum, n'offre à l'expérimentateur que des données diagnostiques très incertaines; que la propriété de liquéfier la gélatine, pouvant s'acquérir et se perdre, est propre à maintenir dans l'illusion l'analyste qui considère cette faculté comme caractéristique; enfin on m'accordera que tous ces caractères sont d'une très maigre importance, et qu'on ne doit pas baser une flore générale sur des propriétés aussi secondaires.

On arrivera, au contraire, à édifier des flores bactériennes utiles à consulter par les micrographes, en classant les bactéries dans des groupes généraux, où les espèces qui restent à découvrir trouveront toujours une place; quant aux faits relatifs à la fluidification, à la couleur, à l'odeur, à la forme des colonies, des dépôts, etc., on doit les réserver pour aider à la distinction des espèces comprises dans le même groupe.

L'essai de la flore que je donne ci-après a seulement pour but de démontrer qu'on peut traiter ce sujet d'une façon générale.

ESSAI D'UNE FLORE BACTÉRIENNE.

		Section.
1° Espèces se développant au contact de l'oxygène de l'air.	A 20°....	A
	Seulement au-dessus de 20°...	B
	Seulement au-dessus de 40°...	C
2° Espèces se développant à l'abri de l'oxygène de l'air..	A 20°....	D
	Seulement au-dessus de 20°...	E
	Seulement au-dessus de 40°...	F

Section A.

Espèces se développant à 20° au contact de l'oxygène de l'air.

		Tribus.
Organismes en coccus......	Pathogènes....	I
	Zymogènes....	II
	Saprogènes ou vulgaires.....	III
Organismes filamenteux	Pathogènes....	IV
	Zymogènes....	V
	Saprogènes ou vulgaires.....	VI
Organismes spirillés........	Pathogènes....	VII
	Zymogènes....	VIII
	Saprogènes ou vulgaires.....	IX
Organismes d'autres formes.	Pathogènes....	X
	Zymogènes....	XI
	Saprogènes ou vulgaires.....	XII

Section B.

Espèces se développant seulement au-dessus de 20° au contact de l'oxygène de l'air.

Etc. Etc.

Tribu I.

Organismes pathogènes en coccus se développant à 20° au contact de l'oxygène de l'air.

				Groupes
A. Organismes pouvant se développer sur la gélatine nutritive ordinaire en donnant des.......		colonies blanches ou grises.	liquéfiantes.....	1
			non liquéfiantes.	2
		colonies jaunes, jaunâtres ou verdâtres...........	liquéfiantes.....	3
			non liquéfiantes.	4
		colonies rouges ou rougeâtres................	liquéfiantes.....	5
			non liquéfiantes.	6
B. Organismes ne pouvant pas se développer sur la gélatine ordinaire, mais croissant....	1° dans la gélatine alcalinisée en donnant des........	colonies blanchâtres.	liquéfiantes.....	7
			non liquéfiantes.	8
		colonies jaunâtres...	liquéfiantes.....	9
			non liquéfiantes.	10
		colonies rougeâtres..	liquéfiantes.....	11
			non liquéfiantes.	12
	2° dans la gélatine acidifiée en donnant des..... ..	colonies blanchâtres.	liquéfiantes.....	13
			non liquéfiantes.	14
		colonies jaunâtres...	liquéfiantes.....	15
			non liquéfiantes.	16
		colonies rougeâtres..	liquéfiantes.....	17
			non liquéfiantes.	18
	3° sur le sérum de sang........................			19
	4° dans les bouillons en formant	des troubles............		20
		des dépôts.........		21
		des voiles................		22
	5° dans les sucs animaux stérilisés à froid en formant	des troubles.................		23
		des dépôts..................		24
		des voiles.................		25
	6° dans les sucs végétaux stérilisés à froid en formant	des troubles.................		26
		des dépôts..........		27
		des voiles..................		28
	7° dans les liquides minéraux.......	des troubles................		29
		des dépôts.................		30
		des voiles..................		31

TRIBU II.

Organismes zymogènes en coccus se développant à 20° au contact de l'oxygène de l'air.

Etc. Etc.

GROUPE 1.

Organismes pathogènes en coccus se développant à 20° au contact de l'oxygène de l'air et se multipliant sur la gélatine nutritive ordinaire en donnant des colonies blanches liquéfiantes.

Le microscope décèle dans les cultures les formes..	Monococcus . .	Colonies blanches.
		» grises.
		» irisées.
	Diplococcus . .	Colonies sphériques.
		» discoïdes.
		» lamelliformes.
	Streptococcus.	Colonies mamelonnées.
		» avec prolongements.
		» irrégulières.
	Tétracoccus . .	Colonies étoilées.
		» mobiles.
		» amœbiformes.
	Sarcines. . . .	Colonies très opaques.
		» translucides.
		» à zones concentriques.

GROUPE 2.

Etc. Etc.

Dans la flore précédente les micro-organismes sont, comme on voit, divisés en aérobies et en anaérobies; les bactéries qui sont à la fois aérobies et anaérobies trouvent une place commune dans ces deux grandes divisions suivant les modifications que leur impose leur végétation à l'abri ou au contact de l'air.

Le second caractère invoqué pour la classification des microbes est la température à laquelle ils se développent; la plupart d'entre eux croissent facilement à 20°, mais quelques-uns ne se développent qu'entre 30° et 40°, et, à leur tour, cessent de végéter au moment où d'autres ont à peine assez de chaleur pour se multiplier visiblement, ainsi que cela s'observe chez les espèces thermophiles dont j'ai, avant personne, signalé l'existence.

Ces deux premiers caractères sont naturels, puisqu'ils s'observent immédiatement après les ensemencements. Je tire le troisième de la forme habituelle que les bactéries présentent au premier examen microscopique; il n'est pas généralement difficile de découvrir à ce moment si l'espèce développée dans la culture appartient aux micrococcus, aux bacilles, aux spirilles, aux streptothrix, aux cladothrix, etc.

Le quatrième caractère basé sur les fonctions pathogènes ou zymogènes des micro-organismes me paraît le plus important; l'espèce qui vient d'être examinée est inoculée aux animaux vivants et introduite en même temps dans des milieux sucrés, chargés d'urée ou d'autres substances fermentescibles. La pathogénèse de l'espèce est déterminée d'après l'action que la bactérie exerce vis-à-vis des animaux choisis habituellement comme réactifs (souris, cobayes et lapins).

Dans le cadre, la flore précédente donnée dans le but unique de servir d'exemple à l'analyste, la pathogénèse se rapporte, on ne l'oubliera pas, aux petits mammifères mis en expérience, car il peut arriver qu'une espèce nocive pour l'homme puisse trouver sa place dans une autre section, détail qui importe très peu puisqu'il ne s'agit pas ici d'une classification botanique, méthodique et scientifique des bactéries, mais d'une flore à l'usage des micrographes adonnés à l'étude des organismes microscopiques de l'air, du sol et des eaux.

Plus loin, après la classification en tribus, j'ai adopté la subdivision des tribus en groupes en faisant intervenir la fertilité et l'infécondité que présentent les divers terrains à l'égard des bactéries; les caractères macroscopiques tirés de la couleur des colonies, des propriétés liquéfiantes des espèces, de leur faculté de donner dans les milieux liquides des troubles, des voiles répandus à la surface, des dépôts, etc.

Enfin, après ce triage vient la détermination des espèces des divers groupes au moyen de l'étude plus approfondie des coccus, des bacilles qui se présentent en cellules isolées ou associées de diverses manières. A ce moment, on touche de bien près aux individus; cependant, il existe encore, tant au point de vue des cultures qu'au point de vue des actions zymogènes et pathogènes, des particularités nombreuses qui peuvent faire ressortir les différences existant entre les variétés de microbes fort voisins d'aspect et de propriétés.

Quand on est arrivé à trouver un nom déjà connu à la bactérie primitivement rencontrée, il importe de rapprocher la totalité de ses caractères de ceux qu'en ont donnés les auteurs qui en ont fait une étude soignée. Souvent il arrivera qu'on sera maintenu dans le doute sur l'identité de l'espèce trouvée et décrite; cela n'a rien d'incompréhensible, car il n'est pas toujours aisé, même à celui qui découvre un groupe de bactéries douées d'une même fonction biochimique pathogénique, de les distinguer très nettement les unes des autres. Quoi qu'il en soit, l'analyste aura fait à ce moment tout son devoir et ce qu'on pourra le moins lui reprocher sera d'avoir négligé dans sa tâche les recherches méticuleuses qu'elle réclame.

J'ai fait de l'analyse qualitative des eaux, surtout des résultats où elle mène, un tableau assez peu encourageant ; je regrette de n'avoir pu dire, en effet, que cette analyse était aussi simple que les essais qui ont pour but la numération des germes répandus dans les divers milieux qui nous entourent, mais je devais à mes lecteurs, je peux presque dire à mes imitateurs, car je crois avoir été un des premiers à vulgariser ces sortes de recherches, je leur devais, dis-je, d'avouer ce qu'une pratique de quinze années m'a enseigné. Elle m'a appris : que les dosages qualitatifs présentent de nombreuses causes d'illusion, que le diagnostic des bactéries offre de très grandes difficultés, qu'on trouve des espèces microscopiques dont l'action nocive sur les animaux n'est en aucune façon négligeable, alors que ces espèces semblent douées d'une parfaite innocuité vis-à-vis des populations qui usent depuis longtemps des eaux qui les renferment ; je suis enfin arrivé à cette conclusion, qu'on ne saurait affirmer d'une façon absolue qu'une eau est inoffensive au point de vue des bactéries, que lorsqu'elle n'en renferme plus une seule, ce qui n'est pas le cas habituel des eaux stérilisées elles-mêmes, abandonnées quelque temps au contact de l'air.

Néanmoins, je pense que les analyses bactériologiques offrent une utilité incontestable, qu'elles doivent être nombreuses, pratiquées avec constance et avec les développements qu'elles comportent, jusqu'à ce que, à la faible lueur qui éclaire la science des bactéries, succède une clarté capable de jeter une lumière plus vive sur les côtés de cette science qui restent encore enveloppés d'obscurité.

CHAPITRE V.

RÉSULTATS GÉNÉRAUX DE L'ANALYSE MICROGRAPHIQUE DES EAUX.

I. Résultats statistiques. — II. Auto-infection des eaux. — III. Résultats de l'analyse qualitative. — IV. Moyens prophylactiques pour combattre l'infection par les eaux.

I. — Résultats statistiques.

Les eaux soumises au dosage quantitatif peuvent offrir, suivant les cas, peu ou beaucoup de bactéries; il est donc nécessaire de fixer ce qu'on entend, au point de vue de la quantité, par eau pure ou impure, et d'établir une échelle numérique, où toutes les eaux, quelle que soit leur origine et leur richesse en microbes, puissent trouver une place. Dans les sciences, d'ailleurs, on sent la nécessité d'agir ainsi afin de rendre intelligibles aux personnes étrangères aux recherches scientifiques des résultats que la simple énonciation d'un chiffre n'entoure d'aucune lumière.

Ainsi, pour choisir un exemple, à côté des désignations numériques du thermomètre, le météorologiste parle de hautes températures, de températures modérées, froides et très froides; ce qui est permis à ce savant est de même permis au bactériologiste; je dois ajouter avec plus de raison, car le simple énoncé de la richesse d'une eau en bactéries par centimètre cube dit très peu de chose aux personnes non versées en micrographie.

Si j'envisage les nombreux résultats analytiques que j'ai accumulés depuis quinze ans sur les eaux, je suis amené à considérer comme une eau naturelle *très pure* celle qui contient un chiffre de bactéries variant de 10 à 100 par centimètre cube; comme *pure,* une eau qui en renferme de 100 à 1000; voici du reste un tableau qui exprime clairement les termes de cette convention indispensable bien qu'arbitraire.

	Bactéries par centimètre cube.	
Eau excessivement pure.......	0 à	10
Eau très pure...............	10	100
Eau pure....................	100	1 000
Eau médiocre................	1 000	10 000
Eau impure..................	10 000	100 000
Eau très impure.............	100 000 et au delà	

Cette échelle, basée sur les multiples de 10, est très aisée à graver dans la mémoire, et les personnes étrangères à la bactériologie peuvent se la rappeler avec autant de facilité que l'échelle du thermomètre centigrade.

En l'appliquant aux eaux de Paris, dont les richesses moyennes en bactéries sont les suivantes :

	Bactéries par centimètre cube
Vanne........................	800
Dhuis........................	1 890
Seine à Ivry.................	32 500
Marne à Saint-Maur...........	36 300

on voit que les eaux de la Vanne sont comprises

dans la catégorie des eaux pures, celles de la Dhuis dans la catégorie des eaux médiocres; quant aux eaux de la Seine et de la Marne, elles sont impures au point de vue quantitatif. Ces dénominations se rapportent d'ailleurs assez bien à l'idée qu'on se fait généralement à Paris de la qualité de ces diverses eaux; mais je dois ajouter que le chiffre des microbes répandus dans les eaux de source et de rivière étant essentiellement variable, la même eau peut, à certaines époques de l'année, recevoir le nom d'*eau très pure, pure* ou *médiocre*. La Vanne, pour choisir un premier exemple, se trouve dans ce cas :

Année 1890 (*Vanne au réservoir de Montrouge*).

	Bactéries par centimètre cube.
Analyse du 29 juillet 1890	50
» 25 février 1890	100
» 23 mai 1890	500
» 6 juin 1890	1 000
» 8 juillet 1890	5 900
» 1er août 1890	14 000

L'eau de Seine possède également une composition micrographique très inconstante.

Année 1890 (*Seine à l'usine d'Ivry*).

	Bactéries par centimètre cube.
19 mai 1890	4 000
2 juin 1890	12 000
3 mars 1890	40 000
6 janvier 1890	128 000

Une eau de rivière peut donc, suivant les époques

où on l'analyse, être médiocre, impure ou très impure.

Les eaux de la Dhuis, de la Marne, du canal de l'Ourcq, comme les eaux de puits et de drainage, offrent de même une composition variable.

Cependant je dois dire, et c'est là le côté intéressant de la statistique des microbes, que les variations dans la richesse des eaux naturelles en bactéries se constatent périodiquement à quelques époques spéciales de l'année. Bien que les moyennes mensuelles atténuent et masquent des oscillations profondes du chiffre des bactéries, je crois intéressant de reproduire les Tableaux suivants qui donnent une idée très nette du phénomène qui nous occupe. Dans ces Tableaux, les moyennes attribuées à chaque mois résultent des moyennes mensuelles observées depuis 1887 jusqu'à 1890 inclusivement.

Eaux de source (moyennes mensuelles générales).

	Bactéries par centimètre cube.	
Mois.	Vanne.	Dhuis.
Janvier	400	2700
Février	1625	4500
Mars	1560	2350
Avril	860	3930
Mai	720	1680
Juin	590	765
Juillet	865	930
Août	985	500
Septembre	465	480
Octobre	495	985
Novembre	495	2175
Décembre	525	1710
Moyennes annuelles	800	1890

Eaux de source (moyennes saisonnières générales).

Saisons.	Bactéries par centimètre cube. Vanne.	Dhuis.
Hiver	1200	3180
Printemps	720	2125
Été	770	635
Automne	505	1605
Moyenne annuelle	800	1890

Comme on peut s'en assurer par l'inspection des chiffres insérés dans les deux Tableaux précédents, les eaux de source sont surtout fort impures dans le premier trimestre de l'année, c'est-à-dire en hiver, puis la pureté de ces eaux va croissant; elle est à son maximum en été et parfois en automne, quand cette saison n'est pas traversée par des météores aqueux trop fréquents.

Les deux Tableaux qui suivent sont relatifs aux richesses moyennes mensuelles des eaux de rivière et de canal distribuées à Paris.

Eaux de rivière (moyennes mensuelles générales).

Mois.	Bactéries par centimètre cube. Seine à Ivry.	Marne à St-Maur.	Ourcq.
Janvier	52670	75960	143370
Février	43120	58120	63720
Mars	34710	57750	47780
Avril	38640	16310	22660
Mai	12930	12890	29340
Juin	28150	14270	7340
Juillet	14130	10450	7730
Août	6780	13570	8520
Septembre	20220	6410	8070
Octobre	22350	11860	12560
Novembre	37720	95590	135700
Décembre	78950	62470	153200
Moyennes annuelles	32530	36305	53330

Eaux de rivière (moyennes saisonnières générales).

	Bactéries par centimètre cube.		
Saisons.	Seine à Ivry.	Marne à St-Maur.	Ourcq.
Hiver	43 500	63 940	84 955
Printemps	26 570	14 490	19 780
Été	13 710	10 140	8 105
Automne	46 340	56 640	100 485
Moyenne annuelle	32 530	36 305	53 330

Pour les eaux de rivière et de canal, les nombreuses expériences auxquelles je me suis livré établissent, d'une façon indubitable, que la saison où ces eaux sont le plus pures est l'été, c'est-à-dire durant le trimestre qui comprend les mois de juillet, août et septembre. Les trimestres où ces eaux courantes sont le plus impures sont : le premier trimestre de l'année (hiver), et le dernier (automne). Il n'existe donc aucune relation entre la température des eaux et leur richesse en micro-organismes. En été, au moment où ces eaux sont le plus pures, elles marquent un degré de chaleur supérieur à 20°; en hiver, à l'instant où elles sont le plus riches en bactéries, leur degré de chaleur oscille entre 0° et 5°.

Ce résultat semble paradoxal si l'on admet que la température est un agent qui favorise à un haut degré la pullulation des microbes; ce fait, pour aussi anormal qu'il paraisse, nous devons l'accepter, puisqu'il nous est fourni par l'expérience, mais nous avons le droit d'en chercher l'explication rationnelle.

Dans les eaux courantes, la multiplication des bactéries s'effectue très péniblement; quand une eau de rivière ou de source présente un accroissement subit en micro-organismes, on peut être certain que cette recrudescence n'est pas due à l'élévation de la température, mais à une contamination accidentelle pareille à celle qui s'observe lorsque, après les pluies abondantes, les eaux de lavage du sol viennent grossir les cours d'eaux et produire les crues. L'analyse établit d'ailleurs directement que les eaux de rivière sont d'autant plus impures que leur niveau s'élève davantage au-dessus de l'étiage.

Pour expliquer les crues bactériennes observées dans les eaux de source, de drainage, de la nappe d'eau souterraine, il faut admettre que les filtres naturels qui, en temps normal, épurent d'une façon satisfaisante les eaux venues de la surface du sol, deviennent insuffisants en temps de pluie; on peut également supposer, à côté de cette suffisance du pouvoir filtrant des couches telluriques, la contamination directe des sources et des puits à travers des fissures ou autres solutions de continuité. Cette hypothèse est d'ailleurs justifiée par les résultats analytiques que fournissent les eaux de puits artésiens dont la température n'excède pas 30° à 40° et qu'on trouve très peu variables. Du reste, le diagramme *fig.* 19 indique bien nettement l'influence des chutes d'eaux météoriques sur la richesse des eaux de source en bactéries.

Dans ce diagramme, les espaces ombrés limités par une ligne brisée représentent la richesse moyenne de l'eau de la Vanne en microbes pendant l'année 1889; la courbe pleine, sans aspérités, la température de cette eau puisée au réservoir de Montrouge; enfin les espaces ombrés rectangulaires surplombant indiquent les hauteurs de tranches d'eau de pluie recueillie durant les mêmes semaines dans la région parisienne.

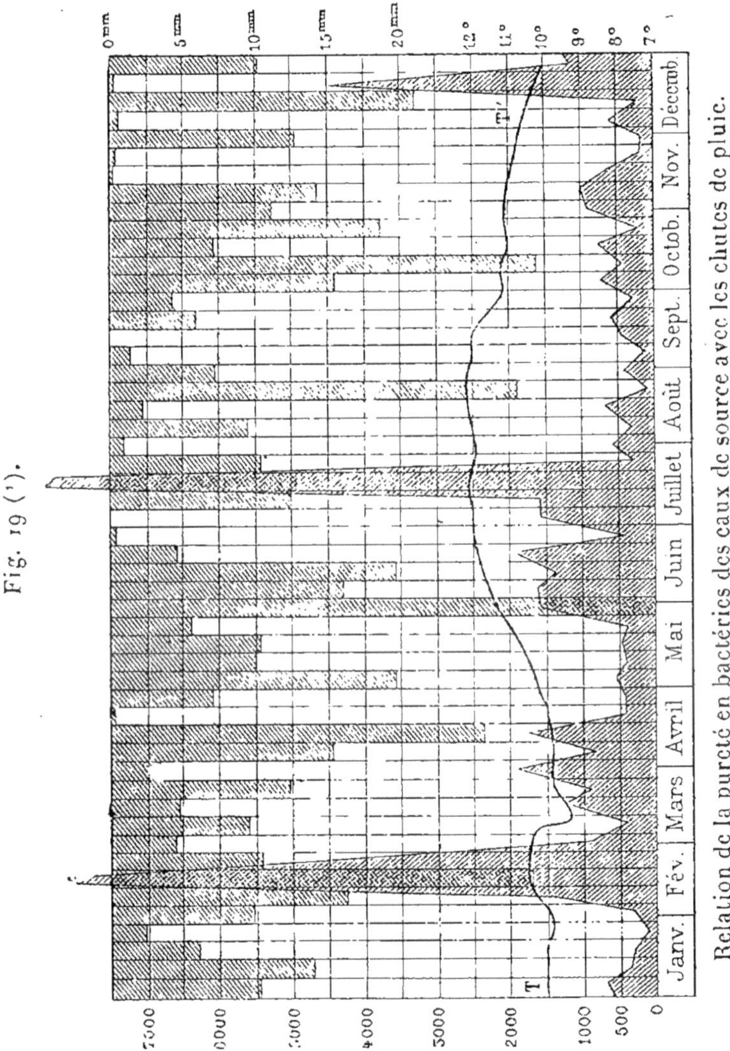

Fig. 19 (1).

Relation de la pureté en bactéries des eaux de source avec les chutes de pluie.

On remarquera aisément dans ce graphique qu'à

(1) C'est par erreur que le diagramme *fig.* 19 indique une crue très élevée supérieure à 8000 bactéries dans la troisième

toutes les chutes d'eau de pluie un peu considérables correspond une recrudescence de bactéries dans l'eau de la Vanne reçue à Paris. En été, ce phénomène est moins apparent, par la raison que les pluies d'orages s'évaporent rapidement, ou sont bues facilement par la terre sèche, tandis qu'au printemps et en automne le sol reste humide et s'imbibe à l'excès.

Ces exemples de variabilité de composition micrographique des eaux démontrent de même qu'une seule analyse pratiquée sur une eau déterminée ne saurait établir définitivement sa richesse moyenne en microbes; en effet, un essai pratiqué en été donnera ordinairement un chiffre minimum de germes; au contraire, pendant l'hiver et les périodes humides du printemps et de l'automne, on obtiendra un chiffre maximum. Je dis périodes humides et non de gelées, car il est à noter que, durant les époques neigeuses et les froids longtemps soutenus au-dessous de 0°, les eaux de source acquièrent une très grande pureté.

Bien d'autres faits intéressants peuvent être mis en relief par l'analyse quantitative des eaux; c'est à elle qu'on s'adresse pour déterminer le pouvoir filtrant des terrains, et je puis à cet égard rapporter une expérience très encourageante effectuée par M. Lefort, ingénieur en chef à Nantes, qui m'a confié la détermination du nombre des bactéries contenues dans la Loire et dans l'eau d'un puits d'essai creusé

---

semaine de juillet 1889. Le chiffre de germes observé pendant cette semaine a été trouvé exactement égal à 1025 germes par centimètres cubes, c'est-à-dire inférieur aux nombres relevés pour les deux semaines précédentes.

au sein du même fleuve entouré de toute part par une couche de sable épaisse de 12m.

EXPÉRIENCE I. — Le 3 mars 1890. De l'eau de la Loire puisée au voisinage du puits d'essai accuse en moyenne 9530 bactéries par centimètre cube. Les eaux du puits d'essai n'en offrent que 73 par centimètre cube.

Voici d'ailleurs le détail de ces analyses qui semblent démontrer que, en l'absence d'une eau de source, il est aisé de créer par filtration une eau d'alimentation presque aussi pauvre en bactéries que les eaux qui jaillissent du sol.

Eau du puits d'essai de la Loire.

	Bactéries par centimètre cube.
Échantillon 1	55
Échantillon 2	82
Moyenne	68,5

Eau de la Loire.

	Bactéries par centimètre cube.
Échantillon 3	9060
Échantillon 4	10550
Moyenne	9805

Un simple rapprochement entre ces deux chiffres indique que l'eau du puits d'essai est 140 fois plus pure que l'eau de la Loire.

EXPÉRIENCE II. — Une nouvelle analyse pratiquée le 15 septembre 1890 avec ces deux mêmes eaux a fourni les chiffres suivants :

Eau du puits d'essai.

	Bactéries par centimètre cube.
Échantillon n° 1	124
Échantillon n° 1 *bis*	140
Moyenne	132

Eau de la Loire.

	Bactéries par centimètre cube.
Échantillon n° 2	25 250
Échantillon n° 2 *bis*	22 750
Moyenne	24 000

Ici encore l'eau du puits d'essai se montre d'une excessive pureté si on la compare à l'eau de la Loire.

Ces résultats méritent d'être connus, car quoi qu'on ait dit de l'insuffisance du pouvoir filtrant du sable et des expériences peu comparables à ce qui se passe en réalité dans les filtres naturels, je crois que les essais de M. Lefort permettront, à plusieurs municipalités disposant de faibles ressources, de se procurer, à un prix relativement peu élevé, des eaux présentant toutes les garanties voulues au point de vue bactériologique; en tout cas, aussi peu chargées de germes que les eaux amenées à grands frais de localités très éloignées des centres urbains.

C'est avec l'aide de l'analyse qualitative qu'on a pu acquérir la certitude que les eaux d'égout répandues sur le sol retournent dans les fleuves dans un grand état de pureté, quand les arrosages effectués sur les terrains destinés à l'épuration des eaux d'égout sont pratiqués avec modération, et lorsque évidemment les drains restent vierges de toute contamination accidentelle.

Pendant deux années, j'ai analysé périodiquement les eaux du collecteur de Clichy avant leur entrée dans la *Case de Clichy* et après leur sortie. La *Case* dite *de Clichy*, qui avait été installée par M. Durand-Claye, au laboratoire de Clichy (D^on^ des travaux de

Paris), se composait d'une couche de terrain de 2^m de hauteur, représentant successivement en qualité et en quantité les terrains de Gennevilliers irrigués par l'eau d'égout. L'eau du collecteur de Clichy jetée à la surface de la Case titrait environ 20000000 de bactéries par centimètre cube; à sa sortie l'eau ne titrait plus que 21700 bactéries en moyenne, c'est-à-dire qu'elle avait abandonné dans son parcours rapide à travers la couche de 2^m de terre 999 pour 1000 des bactéries qu'elle contenait.

Ces expériences, effectuées en petit dans le laboratoire de Clichy, ont été répétées en grand sur la presqu'île de Gennevilliers. On sait, en effet, que l'eau d'égout des collecteurs de la ville de Paris est utilisée journellement pour l'arrosage de cette plaine, et que l'eau qui a filtré à travers le sol retourne à la Seine par quatre drains : les drains d'Asnières, d'Argenteuil, de la Garenne et d'Épinay, dont les richesses des eaux en micro-organismes sont les suivantes :

Moyennes générales de la richesse en microbes des drains de Gennevilliers.

	Bactéries par centimètre cube.
Drain d'Asnières	410
Drain d'Argenteuil	6745
Drain de la Garenne	7945
Drain d'Épinay	14795
Moyenne générale	7475

Les eaux d'égout de la ville de Paris, qui ont une moyenne générale en microbes égale à 13800000 bactéries par centimètre cube, filtrées à travers le sol de

Gennevilliers, retournent à la Seine 1800 fois plus pures qu'au moment de l'épandage.

Le chiffre de 7475 bactéries par centimètre cube d'eau exprime une richesse en microbes inférieure à celle de la plupart des cours d'eaux; il est donc rationnel de conclure que l'épandage de l'eau d'égout sur le sol est un moyen de purification très puissant et très efficace. Là où les drains se déversent dans la Seine, la richesse des eaux de cette rivière en micro-organismes s'élève à plus de 200000 par centimètre cube.

Je ne parlerai pas de l'eau du drain d'Asnières, deux fois plus pure en bactéries que les eaux de la Vanne puisées au réservoir de Montrouge, mais je ferai remarquer que, s'il existe une différence parfois très notable entre la richesse microbienne des eaux de ces divers drains, elle résulte vraisemblablement soit de la nature du sol d'un pouvoir filtrant inégal, soit de quelque contamination accidentelle qu'un remaniement des drains permettrait certainement d'éviter.

Puisqu'on peut au moyen du sol purifier les eaux d'égout et les rendre parfois presque aussi pures que les eaux de source, il était naturel de penser que, les eaux des fleuves, infiniment moins chargées de bactéries que les eaux d'égout, dirigées à travers une couche de terre suffisamment épaisse, pourraient de même se purifier et fournir des eaux d'une teneur en microbes presque identique aux eaux de sources les plus pures. Dans les pages qui précèdent, on a vu tout le parti que M. l'ingénieur en chef Lefort a su tirer des sables de la Loire pour purifier considérablement les eaux de ce fleuve; mais bien avant ces essais, pour ne citer que quelques exemples, les villes de Perpignan, de Dinan, de Toulouse, de Mâcon, etc., ont eu recours à la filtration à travers le sol pour se procurer des eaux peu chargées de bactéries.

La ville de Toulouse, notamment, s'est longtemps servie des eaux de la Garonne prélevées dans différents puits creusés sur cette partie des berges de ce fleuve appelée *prairie des filtres;* les eaux de la Garonne, riches de 10000 à 20000 bactéries par centimètre cube, n'ont montré dans mes analyses que 675 microbes par centimètre cube. Ce résultat établit, il est vrai, que la filtration est loin d'être parfaite, mais il prouve néanmoins qu'elle s'exerce d'une façon très appréciable.

La ville de Mâcon, qui retire de même une partie de ses eaux d'alimentation de la Saône, obtient, dans les puits creusés aux bords de cette rivière, une eau dont la richesse microbienne se rapproche de celle des eaux de source, et que j'ai trouvée voisine de 350 bactéries par centimètre cube.

A Toulouse encore, au Moulin du Château-Narbonnais où l'on a cru pouvoir utiliser les infiltrations de la Garonne qui se produisent dans l'île du Ramier, l'analyse a démontré dans ces eaux 1470 bactéries par centimètre cube. A mon avis, l'épuration est ici insuffisante.

Les résultats obtenus par la ville de Perpignan, dans ses essais d'épuration des eaux de la Têt, sont beaucoup plus remarquables; ils ont fourni une eau filtrée d'une belle limpidité, dont la richesse est voisine de 270 bactéries par centimètre cube. Au contraire, les essais pratiqués par la ville de Dinan pour purifier les eaux de lavage du sol par les terrains drainés dits de Cassepot et du Chêne-Pichard sont beaucoup moins encourageants; l'eau des drains de Cassepot amenée dans le bassin de ce nom a accusé 730 bactéries par centimètre cube; l'eau des drains du Chêne-Pichard en a montré 1300 par centimètre cube.

Rien ne vaut assurément, toutes les fois que cela sera possible, l'usage des eaux de source que l'analyse a démontrées très peu chargées de microbes : c'est à ces eaux qu'il faudra avoir recours pour alimenter les populations; néanmoins, dans les pays où l'eau de source est rare ou fait totalement défaut, force est bien de remédier à cette pénurie par des moyens pratiques. Je crois, pour ma part, que l'épuration par le sol permettra dans un avenir prochain d'obtenir des eaux d'une pureté irréprochable, mais pour cela il faudra construire avec soin des filtres que la nature ne présente pas toujours avec des garanties suffisantes; il faudra pratiquer l'enlèvement des eaux filtrées au moyen de drains perfectionnés ou de galeries de captation à l'abri de tout reproche.

Veut-on encore un dernier exemple du pouvoir filtrant du sol, nous allons le trouver au voisinage de Paris, à l'usine de Saint-Maur-les-Fossés où l'eau de la Marne est dirigée à travers une tranchée comblée qu'elle traverse lentement en fournissant une eau dite du *Drain de Saint-Maur*. Cette eau, que j'analyse depuis trois ans comparativement avec les eaux de la Marne, possède une pureté voisine des eaux de la Dhuis amenées au bassin de Ménilmontant.

Moyennes mensuelles des eaux.

Mois.	Bactéries par centimètre cube de la Marne.	de la Dhuis.	du Drain de St-Maur.
Janvier	75 960	2695	6435
Février	58 120	4500	7230
Mars	57 750	2350	»
Avril	16 310	3930	1240
Mai	12 890	1680	1075
Juin	14 270	765	1110
Juillet	10 450	930	585
Août	13 570	500	1115
Septembre	6 410	480	660
Octobre	11 860	935	795
Novembre	95 590	2175	3160
Décembre	62 470	1710	»
Moyenne annuelle	36 300	1890	1950

Dans ces expériences l'eau de la Dhuis a été puisée en dehors des fortifications de Paris, c'est-à-dire en amont du réservoir de Ménilmontant; l'eau du drain de Saint-Maur, dans la conduite d'arrivée de cette eau à l'usine de Saint-Maur.

Je n'ai pas besoin de faire remarquer, d'abord, que l'eau du drain de Saint-Maur a une composition voisine des eaux de source, et notamment de la Dhuis, de plus que le passage de l'eau de la Marne à travers la tranchée de Saint-Maur, comblée de matériaux filtrants, suffit pour enlever aux eaux de la Marne 17 bactéries sur 18.

L'analyse quantitative sert aussi à établir le degré d'infection qui peut résulter de certaines industries (féculeries, échaudoirs, teintureries, buanderies) et de plusieurs opérations qui, comme le rouissage du chanvre, du tannage des peaux, du lavage du linge, et le déversement des eaux d'égout dans les cours d'eaux, sont considérés à juste titre comme des causes d'infections dangereuses. Pour ce qui concerne l'infection de la Seine dans le court trajet de l'usine de Port-à-l'Anglais (confluent de la Seine et de la Marne) au pont de l'Alma, autrement dit, à l'usine élévatoire de Chaillot, je puis fournir un document très instructif, basé encore sur trois années d'analyses hebdomadaires; ce document, ci-après reproduit, donne, pour chaque mois de l'année, la richesse moyenne générale en bactéries des eaux de la Seine puisées : à l'usine d'Ivry, à l'usine d'Austerlitz et à l'usine de Chaillot.

Richesse moyenne mensuelle des eaux de la Seine.

Mois.	Bactéries par centimètre cube à l'usine d'Ivry.	d'Austerlitz.	de Chaillot.
Janvier	52670	41020	85350
Février	43620	59590	107590
Mars	34710	46070	80920
Avril	38640	29020	86760
Mai	12930	30960	37920
Juin	28150	40340	90860
Juillet	14130	26830	84520
Août	6780	21910	121430
Septembre	20220	76170	227400
Octobre	22350	42390	143120
Novembre	37720	45690	144200
Décembre	78950	73820	129900
Moyenne	32530	44490	111660

Richesse moyenne des eaux de la Seine, par saisons.

Saisons.	Bactéries par centimètre cube à l'usine		
	d'Ivry.	d'Austerlitz.	de Chaillot.
Hiver	43500	48890	91285
Printemps	26570	33440	71845
Été	13710	41635	144250
Automne	46340	53965	139070
Moyenne annuelle	32530	44490	111660

Il ressort de ces chiffres que si l'impureté de l'eau de la Seine va faiblement en croissant de l'usine d'Ivry à l'usine d'Austerlitz, de l'usine d'Austerlitz au pont de l'Alma, l'eau de la Seine acquiert un chiffre de bactéries plus que triple de celui qu'elle présente à l'usine d'Ivry; ce fait s'explique aisément par le déversement direct des eaux sales des égouts de l'île de la Cité et de Saint-Louis à la Seine, par la présence de nombreux bateaux-lavoirs qui infestent les eaux de ce fleuve de nombreux organismes de toute espèce. En effet, on sait que dans les lavoirs publics l'eau qui sert à l'essangeage du linge se charge d'une quantité considérable de microbes : j'ai trouvé que de l'eau de la Seine employée à cette opération titrant primitivement 10000 bactéries par centimètre cube, accuse après l'opération de l'essangeage 20000000 de bactéries pour le même volume.

Je n'ai pas à énumérer avec détails les applications si diverses que peut recevoir l'analyse quantitative des eaux; cette partie de la bactériologie est pleine d'enseignements; elle peut, avec une rigueur absolument mathématique, conduire l'expérimentateur qui l'emploie avec discernement à la solution d'une foule de problèmes se rattachant pour la plupart à l'hygiène générale des villes et des campagnes.

II. — De l'auto-infection des eaux.

J'ai fait remarquer dans un Chapitre précédent combien était rapide la pullulation des bactéries dans les eaux de sources abandonnées à elles-mêmes, je dois ajouter maintenant que ce phénomène, si bien accusé pour les eaux peu riches en microbes, l'est beaucoup moins pour les eaux circulant depuis quelque temps à la surface du sol.

L'eau de la Vanne, riche de 150 bactéries par centimètre cube, maintenue seulement vingt-quatre heures à la température de 20°, peut souvent se charger de 30000 à 40000 bactéries par centimètre cube, tandis que l'eau de l'Ourcq, laissée dans les mêmes conditions, ne s'infeste sensiblement pas. Les eaux de la Seine, suivant leur degré de pureté, s'enrichissent en bactéries dans des proportions variant de 1 à 10. L'analyse chimique démontre cependant que les éléments nutritifs : carbone, azote, oxygène, sels terreux, existent en proportion plus considérable dans les eaux dites impures que dans les eaux de source; la constatation de ce fait curieux a été pour moi le point de départ de recherches longues et difficiles.

Pour obtenir des résultats parfaitement comparables dans l'étude des eaux abandonnées à elles-mêmes, j'ai pris le soin de les maintenir à la température à peu près invariable de 29°-30°, puis j'ai dosé tous les jours ou à des périodes plus éloignées les bactéries de ces eaux ainsi placées dans un incubateur d'Arsonval.

D'abord j'ai déterminé la nature des recrudescences dont les eaux de sources de diverses origines deviennent le siège; le diagramme *fig.* 20 représente les courbes obtenues avec ces eaux. Les chiffres de la ligne des abscisses désignent le nombre de jours d'incubation, les chiffres de la ligne des ordonnées les centaines de mille de microbes comptés par centimètre cube.

Ces eaux, si pures au moment de leur prélèvement, ont accusé des crues bactériennes rapides, passant dès les premiers jours par des maxima très élevés (parfois un million de bactéries par centimètre cube), maxima qu'on n'observe jamais avec les autres eaux. La courbe, arrivée à son sommet, rebrousse rapidement vers la ligne des abscisses dont elle se rapproche ensuite plus lentement et avec laquelle elle tend à se confondre au bout d'un nombre d'années que je n'ai pas déterminé.

L'eau de la Vanne la plus âgée qui soit à ma disposition date du mois d'octobre 1878; après avoir accusé, au moment de son prélèvement au bassin de Montrouge, 470 bactéries par centimètre cube et être passée les jours suivants par des recrudescences analogues à celles qui sont figurées au diagramme *fig.* 20, elle ne titre plus aujourd'hui que 0,2 bactérie par centimètre cube, soit 2350 fois moins qu'au moment de sa prise. Par analogie, je suis conduit à admettre que les eaux de la Dhuis et de Saint-Laurent, la première représentée par le même diagramme, par une courbe en tirets, la seconde par une courbe pointillée, de même que les eaux de drains, et toutes celles qui ont subi l'épuration par le sol, possèdent la faculté de perdre successivement leurs bactéries et de s'appau-

Fig. 20.

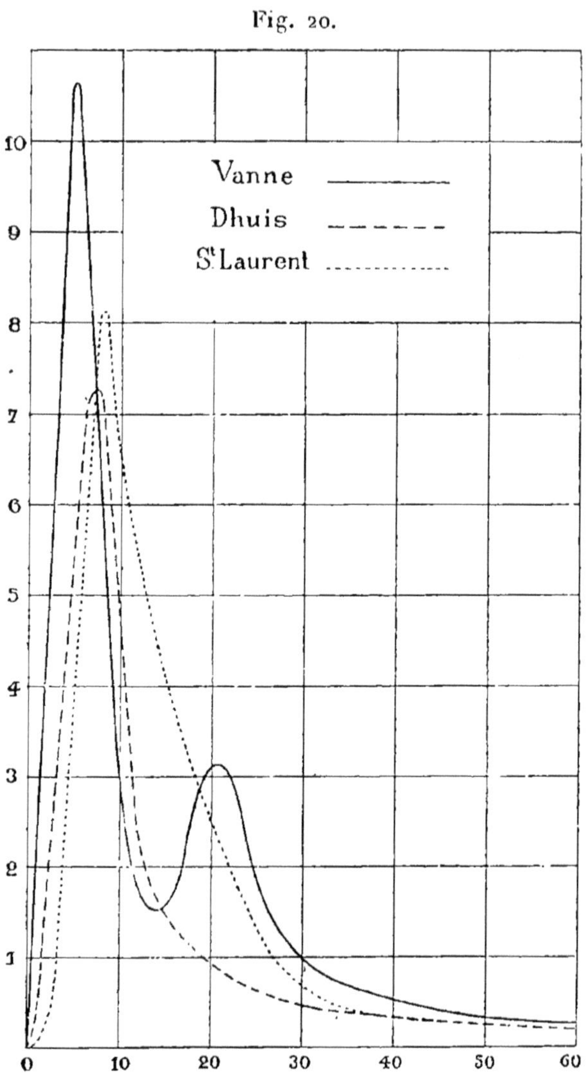

Auto-infections observées dans les eaux de source abandonnées à 30°.

vrir au point de n'en plus contenir après 10 à 12 ans qu'une centaine par litre.

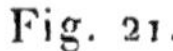

Fig. 21.

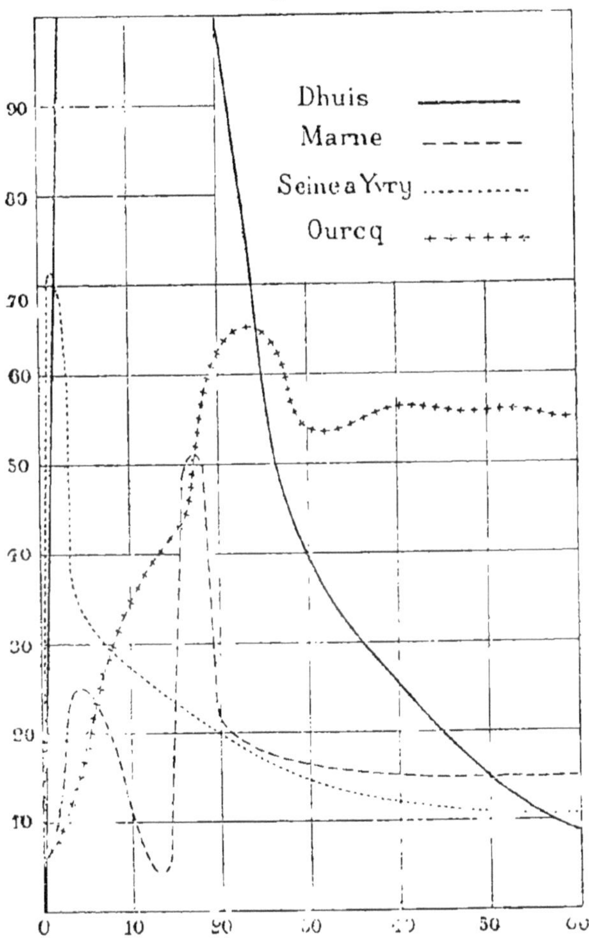

Marche de l'auto-infection dans les eaux impures.

Une eau de source me paraît être caractérisée par la faculté qu'elle possède : d'abord de se charger rapidement de micro-organismes, puis de les perdre facilement en vieillissant. En est-il de même des eaux de fleuve, de canal et en général des eaux dont le chiffre des bactéries est toujours élevé au moment de l'analyse? Le diagramme *fig.* 21 répond à cette question; il montre, en effet, que les crues en bactéries sont d'autant plus lentes que l'eau est plus impure.

De l'eau de la Seine, puisée à Ivry pendant l'été, d'une richesse inférieure à la moyenne annuelle, peut présenter des recrudescences de germes assez élevées; elle montre à cet égard une tendance manifeste à se comporter comme les eaux de source; mais que surviennent les crues, que sa teneur en microbes atteigne à l'analyse immédiate 20000 et 30000 bactéries par centimètre cube, cette faculté de s'infester spontanément disparaît, et cette eau impure ne peut devenir le siège de recrudescences microbiennes rapides et soudaines.

Le diagramme *fig.* 21 présente quelques exemples de recrudescences de bactéries observées dans les eaux de rivières abandonnées à elles-mêmes à la température presque invariable de 30°. Dans ce diagramme les chiffres de la ligne des abscisses désignent les jours pendant lesquels l'eau a été mise en observation, les chiffres de la ligne des ordonnées les unités de mille de bactéries trouvées dans cette eau par centimètre cube.

La courbe formée de tirets, fournie par l'eau de la Marne, offre une double inflexion, comme on en rencontre parfois dans les eaux soumises à l'auto-infection. L'eau d'Ivry, relativement pure, donne une courbe, représentée en pointillé, de forme voisine de celle des eaux de source, moins la recrudescence habituellement très élevée. Mais je veux surtout attirer l'attention du lecteur sur la courbe, formée d'une suite de petites croix, qui représente la marche de l'infection dans l'eau du canal de l'Ourcq. Cette eau, convenablement aérée, exposée à la température constante de 30°, voit le chiffre de ses bactéries s'élever péniblement, après 20 jours d'incubation, de 8000 à 60000 bactéries par centimètre cube, puis décroître très faiblement et se maintenir alors sur un plateau élevé sans présenter de décrue notable. Après six mois, un an d'attente et davantage, la courbe se continue indéfiniment en pallier. Les eaux de la Seine, au bout d'un temps relativement plus court, offrent au contraire une courbe à déclivité très manifeste; mais, passé quelques mois, cette décrue devient de plus en plus lente et, au bout de dix à douze ans, la teneur des eaux de la Seine en microbes est encore égale au tiers et même à la moitié de ce qu'elle était au moment du prélèvement.

En résumé :

Une infection bactérienne *rapide*, mais *passagère*. caractérise les eaux naturelles émergeant du sol; une infection bactérienne *lente* et *tenace* caractérise les eaux microscopiquement impures. Ces remarques, que j'ai toujours vu confirmées par l'expérience, permettent donc, en dehors de tout renseignement, de découvrir l'origine première d'une eau, quel que soit le degré de vieillesse auquel on l'examine.

Les recrudescences des bactéries qu'on voit se produire dans les eaux abandonnées à elles-mêmes ne sont pas dues uniquement au développement excessif d'un seul organisme; plusieurs bactéries, il est vrai, ont une tendance particulière à se multiplier rapidement dans les eaux, cependant il faut reconnaître qu'à côté d'elles il existe également beaucoup d'autres espèces qui contribuent pour une large part aux recrudescences observées.

Ce qui n'est pas moins intéressant à signaler dans les eaux de source, c'est la fragilité des divers organismes qui, après avoir été 10 par centimètre cube, sont 1000 le lendemain, 10000 le surlendemain, puis meurent et disparaissent avec la rapidité qu'ils ont mise à se multiplier; j'ai compté parmi ces microbes des bactériums, des bacilles, des micrococcus qui, après avoir vécu de cette existence éphémère, se sont évanouis sans laisser de germes capables de les perpétuer.

Nous abordons maintenant un sujet des plus importants.

Les espèces auxquelles on voit prendre le développement le plus excessif dans les eaux de source se montrent, après leur courte apparition, incapables de s'y multiplier à nouveau; autrement dit, en semant ces bactéries dans de l'eau qu'elles ont jadis infestée, non seulement elles y restent inertes, mais elles y meurent souvent avec une très grande rapidité. En un mot, l'eau qui a été *malade* du fait de telle ou telle bactérie, si une pareille expression est ici applicable, a acquis vis-à-vis d'elle une *immunité* certaine, qu'il est pourtant au pouvoir de l'expérimentateur de détruire en quelques instants, mais qui peut persister pendant plus de dix à douze ans.

Ce fait me paraît devoir présenter un très haut intérêt à l'hygiéniste, car il démontre que plusieurs eaux ne sont pas seulement incapables de favoriser la multiplication de tels organismes, mais qu'elles sont pour eux un milieu indifférent ou mortel. Ne trouvera-t-on pas dans ce fait la clef de ces immunités que présentent certaines régions à l'établissement de telles épidémies dont le germe a vraisemblablement l'eau pour véhicule? On comprend donc combien il est utile de contrôler si tel organisme infectieux est capable de végéter dans telles eaux de sources ou tels cours d'eaux.

D'après mes recherches, les eaux qui sont les plus nutritives relativement aux organismes pathogènes connus sont les eaux *neuves*, c'est-à-dire celles qui, peu chargées de bactéries, n'ont jamais été le siège des recrudescences soudaines qui ont été signalées. Les eaux de rivière très chargées de microbes, les eaux sales et les eaux d'égout sont relativement très peu nutritives à l'égard du bacille typhique choisi pour exemple. Je conclus de là que les épidémies sont d'autant plus à redouter qu'elles sont transmises par des eaux d'une grande pureté bactérienne, par une eau neuve qui peut permettre aux bacilles pathogènes de se multiplier sans difficulté en grand nombre.

Dans les eaux impures, dans celles qui ont nourri plusieurs générations d'organismes variés, les bactéries ont sécrété pendant leur existence des poisons diastasiques qui s'opposent à la multiplication des espèces pathogènes, quand ces diastases ne les tuent pas rapidement.

Ces diastases sont parfaitement isolables; nous allons voir, un peu plus bas, les procédés qui permettent de les obtenir et de les étudier facilement.

Une eau impropre à nourrir les organismes pathogènes acquiert de nouveau la faculté de favoriser leur développement quand on la débarrasse de ses poisons bactériens. Pour tuer ces diastases, il suffit de chauffer les eaux à la température de 100° pendant quelques minutes : l'eau redevient féconde pour les organismes pathogènes; il n'en est pas de même si, au lieu de chauffer les eaux, on les débarrasse par filtration à froid des bactéries communes qu'elles renferment. Il est donc bien établi que ce n'est pas une lutte entre les bactéries, comme on conçoit la lutte entre les protozoaires, où le plus fort dévore le plus faible, mais l'action bactéricide ou la non-convenance du milieu qui permet ou s'oppose au développement de telle ou telle bactérie. Par ces expériences on acquiert la certitude que, dans les eaux classées comme impures, ce n'est ni le défaut d'éléments minéraux ou d'éléments organiques qui s'opposent aux recrudescences qui viennent d'être signalées, mais la présence, je le répète, de poisons bactériens non organisés qui s'y trouvent dissous depuis plus ou moins longtemps.

Pour isoler ces poisons qui confèrent l'immunité vis-à-vis de certains organismes, non seulement aux eaux qui s'en sont spontanément chargées, mais encore aux eaux dans lesquelles on les transporte, je me suis autrefois servi du vide. L'eau versée dans une capsule de porcelaine propre et stérilisée était placée sur un cristallisoir contenant du chlorure de calcium disposé sous une cloche où le vide était pratiqué au moyen d'une trompe; dans ces conditions, l'évaporation du liquide est très lente, elle demande plusieurs mois et ne peut s'effectuer facilement, comme cela est très important, à l'abri des poussières de l'air. J'ai substitué à cette méthode une seconde qui donne des résultats beaucoup plus satisfaisants. Dans un appareil, voisin de forme de celui qui est représenté à la page 156 par la *fig.* 22, on place un cristallisoir de verre bien lavé, d'abord à l'acide nitrique fumant, puis avec une eau ammoniacale, et enfin à l'eau distillée ordinaire; ce cristallisoir stérilisé est placé sous une cloche tritubulée; l'une des tubulures latérales amène dans le cristallisoir l'eau purgée de germes par stérilisation à froid, l'autre tubulure latérale opposée conduit à l'extérieur l'eau condensée par un petit ballon situé au-dessus du cristallisoir et engagé dans la tubulure supérieure de la cloche.

Cela connu, il est facile de comprendre comment on peut amener d'une façon indéfinie à l'abri des poussières de l'eau dépourvue de microbes dans le cristallisoir, et la retirer par voie de condensation à la température de 30° à 35°; il suffit pour que l'opération marche d'une façon irréprochable que la cloche tritubulée adhère exactement à une plaque de verre rodée et suifée.

Par voie de distillation à basse température on arrive ainsi à concentrer, sous un très petit volume, les produits solubles, non volatils, sécrétés par les bactéries répandues dans 8^{lit} à 10^{lit} d'eau; on acquiert ainsi la certitude que ces produits bactériens sont toxiques pour les espèces animales; qu'introduits à faible dose dans des eaux très nutritives pour les bactéries, ils s'opposent au développement d'un grand nombre d'espèces.

Les produits diastasiques recueillis dans le cristallisoir sont ensuite repris par une eau microscopiquement infertile et finalement amenés, après une seconde filtration à travers la porcelaine, dans un vase stérilisé où ils se conservent fort longtemps.

Je suis loin d'avoir terminé l'étude des produits solubles sécrétés par les bactéries des eaux, ainsi que les expériences curieuses et délicates que j'ai commencées depuis plusieurs années; j'espère dans un avenir prochain m'étendre longuement à ce sujet; aujourd'hui je ferai ressortir un seul fait digne d'attirer l'attention des hygiénistes, c'est que les eaux très pures abandonnées à elles-mêmes se remplissent au bout de peu de temps non seulement d'un chiffre prodigieux de bactéries, mais de produits solubles qui leur donnent des qualités toxiques. Le résultat de mes recherches est bien fait pour faire proscrire, dans les villes où cela existe encore, l'emmagasinement des eaux de source dans des réservoirs habituellement métalliques, où on les conserve quelquefois longtemps avant leur emploi.

Eau microscopiquement infertile. — J'appelle ainsi une eau incapable de nourrir les bactéries. Pour

Fig. 22.

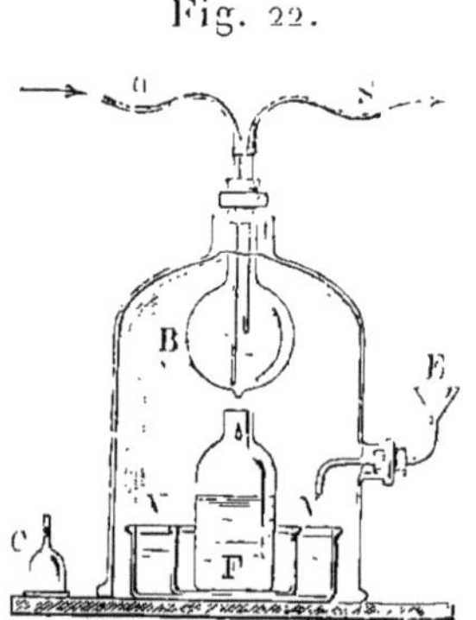

Appareil pour distiller les eaux à basse température.

préparer cette eau en quantité notable, je me sers de l'appareil représenté par la *fig.* 22, qui se compose d'une cloche tubulée à sa partie supérieure et latéralement. Dans la tubulure supérieure s'engage un ballon B où circule un courant d'eau froide, de façon à déterminer une condensation de rosée dans l'hémisphère inférieur de ce ballon. Au-dessous de cet appareil condenseur est placé un flacon récipient F posé au centre d'un cristallisoir à double paroi concentrique VV; et par l'entonnoir E de la tubulure latérale de la cloche, on verse de l'eau distillée ordinaire dans la partie annulaire de ce cristallisoir. La cloche disposée sur une plaque rodée légèrement vaselinée est placée à l'étuve à 30°-35°.

L'eau de la partie annulaire du cristallisoir est successivement amenée sur l'appareil condenseur B et de là dans le flacon F, qu'on recouvre à la fin de l'opération avec le bouchon rodé C.

Au bout de quelques semaines, le flacon est plein d'une eau distillée à basse température à l'abri des poussières atmosphériques et des transports accidentels qui se produisent dans les eaux distillées au moyen des alambics ordinaires. Cette eau, vierge de poussières atmosphériques, ne contient, comme éléments étrangers solides, que les silicates qu'elle a pu emprunter au verre, les éléments gazeux de l'atmosphère, l'ammoniaque et l'acide carbonique de l'air.

Cette eau, dis-je, est infertile en ce sens qu'elle ne peut pas nourrir les bactéries.

EXPÉRIENCE I. — 100^{cc} de cette eau microscopiquement infertile sont abandonnés 15 jours à la température de 30°; après ce temps, 10^{cc} de ce liquide sont répartis à la dose de 1^{gr} chaque fois dans 10 conserves de bouillon de bœuf; une de ces conserves accuse seulement un micrococcus à l'état de pureté.

EXPÉRIENCE II. — 30^{cc} de la même eau, abandonnés 1 mois et demi à l'étuve, sont répartis dans 15 conserves de bouillon;

l'une d'elles montre quelques jours plus tard un simple mycélium de moisissure.

EXPÉRIENCE III. — 120cc d'un nouvel échantillon d'eau microscopiquement infertile sont distribués en parties à peu près égales dans 60 flacons Freudenreich à demi pleins de bouillon peptonisé; après 1 mois d'incubation à l'étuve, 2 conserves se montrent altérées, l'une par un micrococcus jaunâtre, l'autre par une moisissure.

Je dois dire que, dans ces expériences, il n'avait été pris que les précautions les plus vulgaires pour empêcher les germes de l'air de venir contaminer cette eau distillée à basse température, recueillie dans des vases parfaitement stérilisés. Dans les essais suivants, j'ai introduit volontairement, dans divers échantillons de la même eau, les organismes d'une certaine quantité de poussières atmosphériques afin de savoir ce qu'ils devenaient au contact de ce liquide.

EXPÉRIENCE I. — 20cc d'eau distillée à 30°, non stérilisée, reçoivent les poussières de 75 litres d'air puisé sur la place Saint-Gervais; cette eau, soumise à un titrage immédiat, accuse, par centimètre cube, 16 organismes microscopiques; quarante-huit heures après, un nouveau dosage en décèle 5; cinq jours plus tard, un troisième dosage en accuse 3; quinze jours plus tard, 1gr de cette eau se montre infécond, et, au bout d'un mois, 5gr de cette eau sont d'une parfaite stérilité.

EXPÉRIENCE II. — Un nouvel échantillon de 20cc d'eau distillée reçoit les poussières de 100 litres d'air de mon laboratoire et fournit à des dosages successifs les résultats suivants :

	Bactéries par centimètre cube.
1er dosage, immédiat	45
2e dosage, 6 jours plus tard	22
3e dosage, 19 jours plus tard	1,5

34 jours plus tard, 4cc d'eau se montrent absolument infertiles.

EXPÉRIENCE III. — 300cc d'eau distillée à 30° et microscopiquement infertile reçoivent les poussières de 1650lit d'air du laboratoire.

	Bactéries par centimètre cube.
Au dosage immédiat, l'eau accuse ..	75
2e dosage, 6 jours plus tard » ...	7
3e dosage, 16 jours plus tard » ...	1,5
4e dosage, 27 jours plus tard » ...	1,5

A partir de ce moment, la composition micrographique de l'eau ne change pas. Il est, comme on voit, très intéressant de constater que, non seulement les bactéries ne se développent pas dans l'eau distillée à 30°, mais qu'elles y meurent pour la plupart.

Comme contre-expériences, mon élève, M. Wada, a recherché ce que deviennent les bactéries des poussières atmosphériques quand on les ensemence dans de l'eau ordinaire stérilisée.

EXPÉRIENCE IV. — Les poussières de 20 litres d'air de la place Saint-Gervais retenues sur une bourre de verre pilé furent ensemencées le 27 juin 1890 dans 30cc d'eau de l'Ourcq stérilisée à 110°.

Résultats.

	Bactéries par centimètre cube.
27 juin 1890, essai au départ........	6,5
4 juill. 1890, 7 jours après........	750 000
7 juill. 1890, 10 jours après........	900 000
28 juill. 1890, 31 jours après........	1 675 000
27 sept. 1890, 90 jours après........	62 500
24 oct. 1890, 119 jours après........	86 750
26 mars 1891, 272 jours après........	48 000

Comme on voit, l'accroissement des bactéries atmosphériques dans l'eau stérilisée ordinaire est excessivement rapide. Après un maximum de recrudescence, le chiffre des bactéries va ensuite en diminuant comme celui des bactéries des eaux soumises à l'auto-infection.

EXPÉRIENCE V. — Une nouvelle expérience fut faite par M. Wada avec les poussières de 10 litres d'air, toujours puisés à la place Saint-Gervais.

Resultats.

	Bactéries par centimètre cube.
1er août 1890, dosage du départ.	14.75
8 sept. 1890, 40 jours après........	5 500 000
27 sept. 1890, 58 jours après........	4 000 000
24 oct. 1890, 85 jours après........	4 125 000
26 mars 1891, 238 jours après........	6 720 000

Ces deux dernières expériences suffisent pour démontrer que, si les bactéries atmosphériques ne se sont pas développées dans l'eau distillée à 30°, c'est que réellement elle ne contenait pas les matériaux nécessaires à leur éclosion et à leur nutrition.

M. Meade-Bolton a dit que certains micrococcus et bactériums aquatiles pouvaient se développer en grand nombre dans les eaux distillées *tout à fait pures,* et comme eau distillée tout à fait *pure* il donne comme exemple les eaux redistillées dans des appareils de verre. Je ne crois pas que la Chimie soit encore parvenue à trouver les moyens d'obtenir des eaux distillées tout à fait *pures;* celles qu'elle peut offrir aux micrographes, renfermeront toujours des silicates, de l'acide carbonique, de l'ammoniaque, de l'oxygène et de l'azote dissous; si ces divers éléments peuvent entretenir la vie des bactéries, il ne pourra pas exister d'eau microscopiquement infertile; si, au contraire, ces éléments sont incapables de favoriser l'éclosion des microbes, les micrococcus aquatiles ou autres ne pourront jamais s'y développer.

J'ai donné plus haut, page 22, dans le chapitre II,

quelques exemples qui nous renseignent sur le sort des microbes des eaux introduits dans l'eau microscopiquement infertile; je ne rapporterai pas non plus les essais variés que j'ai faits à cet égard avec les nombreux organismes microscopiques que j'ai pu isoler de l'air et du sol; à l'exception de quelques mucédinées dont on peut voir le mycélium s'accroître, parfois, grâce à la faculté que montrent certaines moisissures d'arracher des éléments nutritifs là où tous les autres organismes restent inertes ou sont frappés de mort, je n'ai pu trouver de bactérie qui pût se développer dans l'eau distillée à 30°; jusqu'à preuve du contraire, je considérerai comme micrographiquement infertile à l'égard des schizophytes l'eau préparée par le procédé que je viens de décrire.

Il ressort de ces diverses considérations qu'on pourrait en outre demander à l'analyste micrographe la détermination, non seulement du nombre et de la nature des bactéries, mais la détermination de la qualité et de la quantité des ferments solubles dus aux générations de microbes qui ont pu se succéder dans une eau déterminée. Ces ferments ne sont pas sans doute sans action sur les phénomènes de la digestion, peut-être sur le plus ou moins de réceptivité que trouvent les bactéries dans le tube intestinal; avant que les études de ce genre soient complétées, l'hygiène, je le répète, devra proscrire de l'alimentation, non seulement les eaux qui seront trouvées fortement chargées de bactéries, mais les eaux qui auront servi de milieu de culture à ces infiniment petits, telles que les eaux de citerne ou de source soumises à la stagnation; car il est presque certain que les bactéries inoffensives par elles-mêmes peuvent, par un travail de fermentation et de sécrétion ultérieur, enlever aux eaux potables les qualités qu'elles possèdent à leur émergence du sol.

III. — Résultats de l'analyse qualitative.

Suivant la mission qu'il reçoit, le bactériologiste peut avoir à rechercher dans une eau plusieurs organismes pathogènes dont l'étude est déjà fort avancée, et auxquels on attribue la production de diverses affections (dothiénentérie, choléra, charbon, tétanos, etc.). Dans ce cas, il est certain que l'analyse de générale devient particulière, et se trouve ainsi considérablement simplifiée; on n'a plus à répondre à cette question vague qui cause d'habitude un effroi justifié aux analystes : cette eau est-elle ou non nuisible à l'espèce humaine? Il suffit alors simplement de savoir si l'eau parvenue au laboratoire contient les germes ou les êtres adultes des microbes qui viennent d'être mentionnés.

Il serait toujours aisé à l'opérateur de répondre à ces demandes nettement formulées, si la découverte au sein des eaux des organismes pathogènes n'était pas souvent entourée de difficultés sérieuses; non pas qu'il soit malaisé, par exemple, de constater dans une eau la présence du bacille d'Eberth, d'après les techniques publiées par les Drs Chantemesse, Widal et Vincent, quand ce bacille apparaît avec les aspects qui caractérisent les cultures de ce micro-organisme, mais parce que le bacille d'Eberth est souvent mélangé à des espèces souvent fort voisines, appelées *pseudo-bacilles typhiques*, et qu'il peut devenir lui-même l'objet de modifications si profondes que les nouvelles cultures du vrai bacille du typhus ne rappellent en aucune manière ses cultures considérées typiques.

Pour le bacille du choléra, il en est de même; M. Dowdeswell a démontré que son polymorphisme pouvait s'étendre de la forme spirillaire à celle de la cellule amœbiforme; ce polymorphisme bien étudié par M. le Dr Billet est si réel, qu'il n'est pas d'observateur adonné à l'étude d'une espèce particulière qui ne soit souvent surpris et parfois trompé par les aspects inaccoutumés des cultures que produit le même micro-organisme et les formes étranges qu'il revêt dans certaines conditions.

Les variations dans la forme, dans les facultés pathogènes, chromogènes et zymogènes des bactéries exerceront encore longtemps la sagacité des bactériologistes; dans les cas douteux, il est de leur devoir de se prononcer avec une extrême réserve.

Quand il s'agit d'essais qualitatifs, les dénominations que nous avons adoptées plus haut, d'eaux pures, impures, etc., ne sauraient avoir une signification bien précise : une eau qui contiendrait seulement par centimètre cube 10 bacilles typhiques serait quantitativement *pure*, et qualitativement *dangereuse*: tandis que de l'eau de la Vanne, abandonnée vingt-quatre heures à elle-même, pourrait renfermer un million de bactéries par centimètre cube et se montrer absolument inoffensive.

Si donc il est parfois délicat de se prononcer catégoriquement sur l'existence dans les eaux de plusieurs microbes pathogènes dont l'histoire, quoique avancée, n'est pas entièrement terminée, quelle doit être la réponse de l'analyste interrogé sur la présence ou l'absence d'éléments nocifs dans un échantillon d'eau déterminé? Une semblable question, en tant qu'elle reste générale, doit être considérée comme prématurée dans l'état actuel de la science, et on doit l'avouer avec franchise plutôt que d'affirmer témérairement que, parmi les 1000 ou 10000 bactéries rencontrées par centimètre cube d'une eau soumise au dosage, il n'existe pas de bactéries douées de facultés pathogènes; d'abord, cela n'est pas ordinairement exact; on rencontre dans la plupart des eaux que nous buvons, dans les poussières de l'air que nous inspirons à toutes les heures du jour, de nombreux staphylocoques dont l'inoculation n'est pas inoffensive, et des microbes qui ressemblent beaucoup, tant sous le rapport des cultures que sous celui des lésions engendrées au micrococcus de l'érysipèle et de la septicémie. Je conteste donc aux micrographes le droit de déclarer innocente une eau dont ils ne connaissent pas parfaitement tous les éléments figurés, c'est-à-dire dont ils n'ont pu faire une analyse qualitative complète et rigoureuse.

Si parmi ces éléments figurés un ou plusieurs sont meurtriers vis-à-vis des espèces animales, s'ensuit-il qu'ils le soient pour l'homme, et qu'introduits dans le tube digestif, où se trouvent disséminées tant d'espèces virulentes, depuis les arcades dentaires jusqu'à l'extrémité du rectum, ils puissent produire des troubles d'un effet appréciable? Je ne le pense pas; mais il faut avouer que la découverte dans une eau d'une bactérie quelque peu pathogène est bien faite pour soulever de nombreux doutes, faire hésiter l'analyste dans ses réponses et lui ôter l'assurance qu'il est en droit de montrer, toutes les fois que dans une eau très peu riche en bactéries il n'a pu découvrir que des espèces vulgaires bien connues, ou des ferments inoffensifs.

Avant d'entreprendre l'analyse qualitative générale d'une eau, le micrographe ne doit pas cacher aux intéressés qu'il entreprend un travail long, considérable, souvent d'une utilité contestable et parfois difficile à compléter. Cependant il n'est pas rare de trouver quelques municipalités résolues à tous les sacrifices pour être édifiées sur les micro-organismes d'une eau dont il s'agit, par exemple, d'opérer la captation et d'amener à grands frais dans une ville pour y servir pendant longtemps à l'alimentation des habitants. Une analyse micrographique complète leur semble dans ce cas parfaitement indiquée, et j'ajoute que je suis absolument de leur avis.

L'opérateur qui se charge de cette besogne suivra, je crois, avec profit les indications déjà données dans les pages précédentes; il devra s'efforcer de présenter les résultats obtenus sous une forme simple et parfaitement compréhensible.

Il étudiera d'abord les organismes pouvant croître sur la gélatine, puis ceux qui réclament d'autres milieux.

Il établira le chiffre des espèces qui croissent indifféremment à une température basse (10° à 20°) ou modérée (20° à 30°), ou à une température très élevée (40° à 70°). Parmi ces espèces, il indiquera le nombre de celles qui sont aérobies, anaérobies, ou indifféremment aérobies et anaérobies. Cela fait, laissant le côté général de ces déterminations, il passera en revue les micro-organismes pathogènes, zymogènes, chromogènes et vulgaires, en ayant soin d'établir dans quelles proportions ces bactéries se trouvent dans 1^{cc} ou 1^{lit} de l'eau soumise à l'analyse. Ce travail pourra être résumé sous la forme que j'indique ou présenté dans un cadre plus en rapport avec la nature de l'eau analysée.

EXEMPLE.

Analyse micrographique de l'eau de la Seine puisée à l'usine de Chaillot.

(Mois d'août et de septembre 1890.)

ANALYSE QUANTITATIVE.

Bactéries par centimètre cube........................ 397500

Bactéries croissant sur la gélatine..	312400
Bactéries ne croissant que dans d'autres milieux.......................	85100
Total..............	397500

Bactéries aérobies................ ..	334000
Bactéries anaérobies................	63500
Total..............	397500

Bactéries	croissant de	20° à 40°.....	368000
»	»	40° à 55°.....	26500
»	»	55° à 70°.....	3000
		Total..............	397500

ANALYSE QUALITATIVE.

Espèces pathogènes	16 900
» zymogènes	95 000
» chromogènes	125 000
» vulgaires	110 000
» indéterminées	50 600
Total	397 500

1° *Espèces pathogènes.*

Bacilles d'Eberth	2 800
Staphylocoques pyogènes	10 700
Espèces phlogogènes	1 100
» septiques	800
» non étudiées	1 500
Total	16 900

2° *Espèces zymogènes.*

Ferments de l'urée	10 300
» lactiques	8 600
» butyriques	2 400
» sulfhydriques	29 000
» de putréfaction	12 400
» non déterminés	32 300
Total	95 000

3° *Espèces chromogènes.*

Espèces jaunes	68 000
» orangées	2 500
» vertes ou verdâtres	2 200
» rouges	35 600
» violettes	500
» bleuâtres	1 500
Couleurs intermédiaires	14 700
Total	125 000

4° *Espèces vulgaires.*

Micrococcus	61500
Bacilles	24800
Bactériums	20300
Vibrions	1200
Streptothrix	500
Cladothrix	»
Divers	1700
Total	110000

5° *Espèces indéterminées.*

D'une morphologie difficile à établir.	47000
D'une culture difficile à poursuivre.	3600
Total	50600

Si l'on juge que de plus amples détails sont nécessaires et seront acceptés avec intérêt, chacune des divisions précédentes pourra être subdivisée à son tour, et l'on arrivera ainsi jusqu'aux espèces dont la détermination a pu être faite avec rigueur.

Prenons, pour exemple de ce développement, les espèces chromogènes jaunâtres.

3° *Espèces chromogènes.*

Espèces jaune	citron	*Bacterium xanthinum.* *M. citreus conglomeratus.*
	verdâtre	*Micrococcus chlorinus.* *Sarcina ventriculi.*
	brun	*Bacterium neapolitanum* (?). *Spirillum tyrogenum.*
	ordinaire	*Sarcina lutea.* *Bacterium cavicida.* *Bacterium hyacinthi.*

En un mot, le micrographe pourra parfaire son

œuvre en donnant à son analyse le maximum d'exactitude possible. Il est vrai que ce travail demandera du temps, de la patience, un laboratoire bien installé, quelques mois d'un travail journalier et assidu; ce n'est d'ailleurs qu'à ce prix qu'on arrive dans n'importe quelle branche des sciences à présenter une œuvre sortable. En lisant un résultat clairement exposé, il est facile à tous d'apprécier la valeur d'une eau au point de vue micrographique. Les espèces qui n'auront pu être étudiées seront indiquées sous les rubriques qui se remarquent dans ce Tableau, de façon que le micrographe mette ainsi sa responsabilité à couvert.

Il est des cas où l'analyste pourra d'ailleurs se refuser à faire un dosage qualitatif complet; il fera sagement d'agir ainsi, toutes les fois qu'on le chargera d'analyser les eaux sales, dont l'étude devrait être prolongée au delà des limites du temps qu'un micrographe peut accorder aux analyses courantes. Accepter, par exemple, de déterminer les micro-organismes contenus dans 1cc d'eau d'égout, c'est se créer pour plusieurs années des occupations longues et difficiles, c'est accepter de résoudre des difficultés parfois insolubles; il en est d'ailleurs pour la Micrographie comme pour la Chimie : je ne crois pas qu'il existe de chimiste qui voudrait se charger de déterminer les éléments, je parle de désigner nominativement, les substances qui entrent dans un mélange de produits extractifs, par exemple, ou encore dans une teinture composée.

Eh bien, il est aussi des analyses micrographiques qui ressemblent beaucoup à ces analyses chimiques, qu'on ne doit pas entreprendre avec la pensée d'obtenir des résultats complets et certains. On expliquera aux intéressés les difficultés du travail qu'ils demandent, et je crois qu'il sera facile de les décider à se contenter d'une analyse particulière comprenant l'étude de telles ou telles bactéries pathogènes, de tels ou tels ferments dont les monographies ont déjà été publiées.

IV. — Moyens prophylactiques pour combattre l'infection par les eaux.

Deux moyens peuvent être employés pour se garantir des microbes répandus dans les eaux :

1° On peut les retenir par filtration ;

2° On peut encore les détruire par l'action d'une chaleur suffisamment élevée.

Ces deux moyens se valent, à la condition qu'ils soient convenablement employés.

Stérilisation des eaux par les filtres.

Dans ces derniers temps, beaucoup d'industriels, dans un but de pur mercantilisme, ont abusé de la crédulité publique, en déclarant effrontément, comme capables de retenir les micro-organismes des eaux, certains filtres à éponges, amiante, charbon, etc., non seulement incapables de fixer les bactéries, mais pouvant, très souvent, enrichir en micro-organismes l'eau qu'on y dirige. On a créé des filtres en coton, tissus divers plus ou moins saupoudrés de charbon, qui, d'après une propriété depuis longtemps reconnue chez les corps pulvérulents, peuvent absorber les matières colorantes, les gaz, certains sels; c'est là où se bornent les qualités, d'ailleurs vite épuisées, de ces filtres anti-microbiens.

Je ne veux pas dire que les filtres chimiques soient à dédaigner, surtout quand il s'agit de débarrasser les eaux d'un excès de sels calcaires, des sulfures alcalins, etc., des matières organiques qui leur donnent mauvais goût ou les rendent impropres à la cuisson des aliments et au savonnage, mais on aurait le tort très grand d'attribuer à des appareils un pouvoir qu'ils n'ont pas, et c'est contre cet abus que je m'élève.

Dans mes expériences sur la valeur des filtres touchant leur faculté de purger les eaux de bactéries, et Dieu sait si depuis dix ans j'ai reçu des requêtes à cet égard, je n'ai trouvé que deux filtres capables de retenir les microbes : la vieille fontaine à pierre lithographique et le filtre en biscuit de M. Chamberland.

La fontaine à pierre lithographique, si répandue à Paris, est malheureusement difficile à entretenir dans un état de propreté satisfaisant. Ces appareils, fabriqués en grand nombre par l'industrie, sont toujours très mal soignés, les pierres filtrantes mal soudées aux parois des cuves destinées à les recevoir ; de plus, l'eau à boire est appelée à séjourner trop longtemps sur les détritus sédimenteux de toute nature, qui s'accumulent à la face supérieure des pierres. En été, le réservoir devient un lieu de pullulation des bactéries, d'où suinte une eau douçâtre, chaude, de fort mauvaise qualité.

La bougie Chamberland, universellement employée dans les laboratoires de bactériologie pour isoler les microbes de l'eau, de leurs bouillons de cultures, et stériliser à froid les liquides les plus divers, est au contraire un filtre parfait au point de vue microbien ;

pour le démontrer, je me contenterai de reproduire les termes du rapport que j'ai eu l'honneur d'adresser à M. le Recteur de l'Académie de Paris, le 6 juillet 1885.

Pour s'assurer si un filtre quelconque possède la propriété de retenir les organismes microscopiques de l'eau qui le traverse, l'expérimentateur doit évidemment s'attacher à éviter les causes d'erreur venues de l'atmosphère ambiante.

Le filtre à batterie de dix bougies Chamberland, placé dans un des réfectoires du lycée Saint-Louis, ne pouvait servir utilement à mes expériences; il aurait fallu démonter et emporter dans mon laboratoire les diverses pièces qui le constituent, afin de les soumettre à une stérilisation rigoureuse. D'ailleurs la question posée par M. le recteur de l'Académie de Paris peut se résumer ainsi : Les filtres de M. Chamberland laissent-ils, oui ou non, passer les bactéries, quelle que soit la quantité d'eau qui les traverse ?

L'expérience répond négativement.

Voici maintenant très succinctement les recherches auxquelles je me suis livré :

Deux bougies prises au hasard et fonctionnant depuis six mois sur deux points différents de la canalisation parisienne furent lavées à l'eau, à l'acide chlorhydrique, puis plongées dans une solution ammoniacale et enfin dans l'eau pure. Les douilles des bougies ainsi nettoyées, munies d'un tube en caoutchouc de $0^{m},15$ à $0^{m},20$ de longueur, à l'extrémité duquel fut placé un petit tube de verre contenant un tampon d'ouate, furent portées une heure dans un bain de vapeur surchauffé à 110°.

Première série d'expériences. — Une des bougies stérilisées, placée dans son armature métallique, est vissée sur une conduite d'eau de la Seine accusant une pression d'un tiers d'atmosphère.

Essai A. — Avant tout fonctionnement de l'appareil, j'adapte au tube de caoutchouc, après avoir enlevé le tube à bourre de coton, un ballon taré renfermant 500^{gr} de bouillon de bœuf concentré et purgé de germes au préalable. Le robinet est alors ouvert, puis je recueille 830gr d'eau filtrée. Le ballon est placé à l'étuve à 30°-35°.

Essai B. — Je laisse fonctionner le filtre pendant trois jours, sans aucune précaution spéciale, l'eau s'écoulant goutte à goutte du tube de caoutchouc à raison de 12 litres par vingt-quatre heures. Un second ballon est alors mis en communication avec la bougie et reçoit 760gr d'eau.

Essai C. — Trois jours plus tard, l'appareil marchant toujours sans interruption, un troisième ballon de bouillon est ensemencé avec un poids d'eau filtrée voisin de 610gr.

Après 12 jours d'incubation à l'étuve, les trois ballons sont encore d'une limpidité magnifique; en somme, 2200cc d'eau provenant de cette bougie sont absolument dépourvus de germes de microphytes.

Une goutte d'eau non filtrée introduite alors dans chaque vase les rend très troubles en 18 heures.

Comme j'ai opéré trois prises d'eau, l'une au commencement, l'autre au milieu et l'autre à la fin de l'expérience, il est présumable que les 72 litres d'eau filtrée en 6 jours ont été également privés de toute bactérie.

DEUXIÈME SÉRIE D'EXPÉRIENCES. — Ces nouveaux essais ont été conduits absolument comme les précédents, avec cette différence que la seconde bougie a été placée sur une conduite d'eau de l'Ourcq accusant 3 à 4 atmosphères de pression.

Essai D. — Au début de la filtration, 500gr de bouillon de bœuf reçoivent 635gr d'eau filtrée.

Essai E. — Cinq jours après, un second vase de bouillon adapté à la même bougie reçoit 820gr d'eau filtrée.

Conservés à l'étuve à 30°-35°, les vases se montrent vierges de microbes, jusqu'au moment où il est intentionnellement introduit dans chacun d'eux une goutte d'eau de l'Ourcq non filtrée.

Entre l'essai D et E, l'appareil Chamberland a fourni 150 litres d'eau, que je crois être en droit de considérer comme également purgée de tout organisme vivant.

DERNIÈRES EXPÉRIENCES. — Cependant, je n'ai pas résisté

au désir d'établir, par quelques recherches décisives, le pouvoir filtrant si précieux des filtres Chamberland, en opérant sur des quantités de liquides inusitées jusqu'ici dans l'analyse micrographique des eaux.

Essai F. — Une bonbonne de verre vert d'une capacité de 50 litres environ, pourvue à son col d'un tampon d'ouate traversé à son centre par un tube abducteur destiné à l'introduction de l'eau et du liquide nutritif, fut portée 2 heures à 180°, puis mise en communication avec l'une des deux bougies déjà mentionnée.

Le volume d'eau conduit dans la bonbonne atteignit 32 litres. La nutrification de cette eau fut effectuée en introduisant dans la bouteille, à l'abri des poussières de l'air, deux litres de bouillon concentré renfermant les principes extractifs de 8kg de viande de bœuf, quantité plus que suffisante pour produire le trouble boueux de la masse liquide si une bactérie avait pu passer à travers la porcelaine. Ici encore, après un long séjour à l'étuve, il n'a pas été possible de constater la plus faible altération.

Essai G. — Une nouvelle expérience effectuée sur 35 litres d'eau filtrée a également donne des résultats négatifs.

Par conséquent le filtre en biscuit de Chamberland est capable de retenir tous les organismes contenus dans les liquides, et son emploi pour purifier les eaux potables doit être fortement conseillé. A ma connaissance, c'est le seul filtre industriel qui puisse s'opposer efficacement à la transmission des maladies par les eaux destinées à l'alimentation, si, comme on est en droit de le supposer, les eaux peuvent devenir le véhicule de germes pathogènes.

La Compagnie du filtre Chamberland, désireuse d'utiliser le pouvoir filtrant de la porcelaine dans les opérations industrielles et dans l'hygiène de l'alimentation, a fait construire un grand nombre de modèles de filtres pouvant fonctionner sous forte et basse pression. Je n'ai pas à étudier la question de la stérilisation industrielle des vins, des cidres, des moûts, etc., mais je dois donner quelques indications sur les appareils vulgaires à une ou plusieurs bougies employés habituellement pour débarrasser les eaux des microbes qu'elles charient.

La *fig.* 23 représente la bougie Chamberland unique contenue dans un cylindre métallique très résistant,

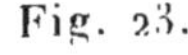

Fig. 23.

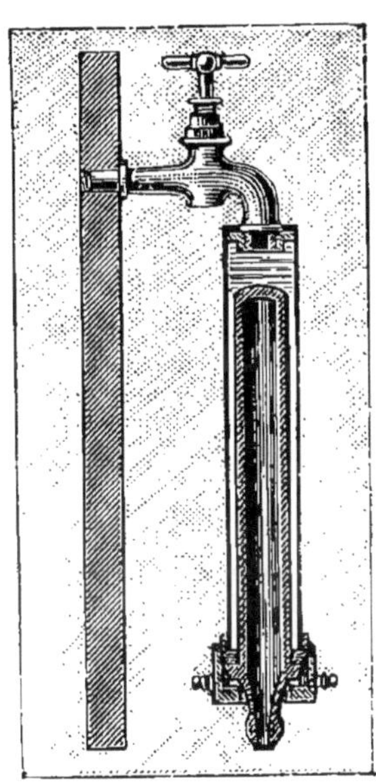

Filtre Chamberland à une bougie.

dont la partie supérieure se visse à un robinet piqué sur une conduite d'eau. L'eau de la ville arrive dans ce cylindre, purgé d'air au préalable, passe à travers le biscuit, gagne la paroi intérieure de la bougie dans un état de pureté parfaite, et s'écoule goutte à goutte ou en faible filet dans le vase destiné à la recevoir.

Il est certain que le filtre Chamberland n'aurait

qu'un usage très restreint s'il n'était pas possible d'obtenir avec la porcelaine des pâtes légères, très poreuses, se prêtant au passage des liquides sous les faibles pressions. J'ai, chez moi, un filtre de ce genre à sept bougies qui fonctionne très bien depuis cinq ans, et qui fournit 1^{lit} d'eau en un quart d'heure sous une pression de $1^{m},25$ d'eau environ. On peut donc à peu de frais et sans une installation spéciale se procurer facilement une eau dépourvue de micro-organismes.

La Compagnie des filtres Chamberland a construit (voir *fig.* 24) un appareil d'une extrême simplicité, utilisable en tout lieu, à la ville comme à la campagne; il consiste, comme on le voit, en un seau percé d'une ouverture latérale; dans ce seau on plonge une batterie de trois bougies à laquelle est adapté un tube abducteur qu'on fait passer à travers l'ouverture latérale, dont on complète l'obturation au moyen d'un bouchon *ad hoc;* ensuite on remplit d'eau le seau de façon à recouvrir les bougies, l'eau pénètre lentement dans le filtre en chassant l'air devant lui; les bougies pleines, le liquide gagne le tube abducteur à étroit diamètre, il forme une colonne descendante capable de produire une succion très énergique, si le récipient où l'on recueille l'eau pure est situé fort en contre-bas du seau. Quelques mètres, un ou deux de différence de niveau, permettent d'obtenir assez rapidement le volume d'eau filtrée désiré. Cet appareil est donc d'une très grande simplicité et d'une marche automatique.

On a parlé du nettoyage très fréquent que réclamerait le filtre Chamberland; il est certain, en effet, que si l'on dirige en grande quantité à travers une batterie de bougies une eau très sale, boueuse ou vaseuse, les pores de la porcelaine sont assez promptement obstrués ; il n'y a guère que les filtres qui ne filtrent pas qui présentent la qualité très peu remarquable de laisser passer à leur travers avec les liquides

Fig. 24.

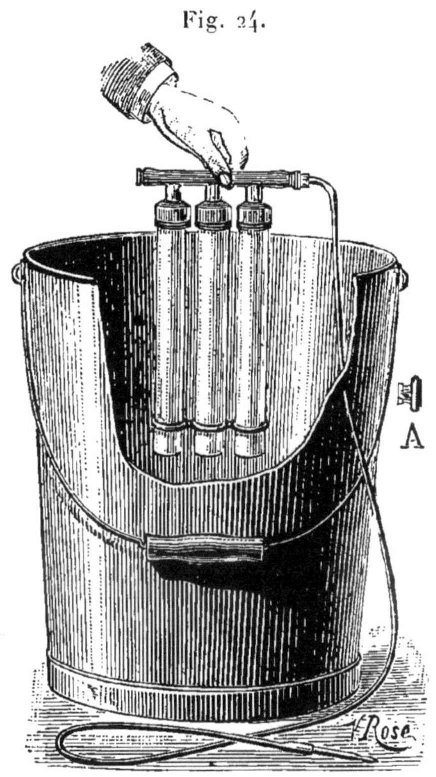

Filtre de ménage à trois bougies pouvant fonctionner en tous lieux.

la majeure partie des impuretés de toute espèce qu'ils renferment. Il n'est pas besoin de s'être occupé longtemps de Chimie pour savoir qu'un liquide, un peu louche, passe mal au bout de très peu de temps au travers d'une feuille de papier-filtre dont les pores ont cependant un diamètre beaucoup plus grand que ceux de la porcelaine, et qui, pour cette raison, laissent passer les bactéries; quoi de surprenant qu'il faille nettoyer de temps en temps la face extérieure de la bougie Chamberland. Cette opération, toujours facilitée par la disposition des appareils, n'a pas besoin d'être d'ailleurs très fréquente, quand on use des eaux habituellement servies aux populations urbaines. Après un mois ou deux d'usage journalier, la bougie se recouvre d'un enduit glaireux et terreux, qu'un coup de brosse pratiqué dans un bocal plein d'eau fait aisément disparaître. Peut-on franchement reprocher à un filtre le besoin qu'il a d'être nettoyé de loin en loin? N'a-t-on pas l'habitude de nettoyer tous les jours divers objets de ménage, d'essuyer les parquets, de brosser les fauteuils, de battre les tapis, etc? Si j'insiste sur ce petit côté de la question, c'est que je connais beaucoup de personnes qui, sous l'impression de critiques puériles et injustifiées, se sont privées des bénéfices que procure l'usage d'une eau purgée de tout germe. Que ces personnes se rassurent, une bougie peut servir indéfiniment quand on ne la casse pas par maladresse, et quant à son nettoyage, il réclame moins de temps que celui d'un couvert de table.

Il est cependant une cause d'infection commune à tous les filtres, et à laquelle il est bien difficile d'échapper, à moins d'opérer dans un laboratoire avec toutes les précautions d'antisepsie employées en bactériologie. L'air, comme on sait, est le véhicule d'un grand nombre de germes qui se déposent sur tous les objets et tendent à s'introduire dans les ouvertures les plus exiguës.

Supposons une bougie Chamberland abandonnée à

elle-même, il arrivera nécessairement que quelques microbes voltigeant au gré des courants d'air iront se déposer sur le têton de la bougie, et pourront de là, en se multipliant, gagner l'intérieur du filtre en voie de fonctionnement, de même qu'on voit des algues vertes, parties du sol, grimper contre les murailles humides. En faisant plonger le têton de la bougie par l'intermédiaire d'un tube stérilisé dans de l'eau filtrée pure, on arrive à retarder l'infection, et non à la préserver, à moins, je le répète, que le récipient ne soit soigneusement purgé de germes et en communication avec l'air extérieur au moyen d'ouvertures garnies de tampons d'ouate.

Le danger qui peut résulter pour la santé de cette infection des eaux filtrées par voie atmosphérique ne me paraît pas sérieux, étant admis et démontré que nous inspirons tous les jours à Paris de 50000 à 100000 microbes par vingt-quatre heures, lesquels, suivant les cas, sont introduits dans l'arbre pulmonaire et dans le tube digestif par la déglutition des aliments, de la salive et du mucus nasal. D'ailleurs, quel est le consommateur d'eau filtrée qui s'astreint à stériliser les carafes où l'eau est reçue et les verres où elle est bue; pour absorber de l'eau sans microbes, il faudrait encore aller plus loin, il serait indispensable de se stériliser les lèvres, et surtout la bouche, qui fourmille de bactéries vivantes.

En analysant plusieurs échantillons d'eaux stérilisés d'un volume de 100^{cc} d'eau ayant servie à rincer la bouche de plusieurs personnes, deux heures après le repas, j'ai trouvé que le chiffre des bactéries contenues dans cette eau de lavage variait entre 10 millions et 100 millions par centimètre cube; soit de 1 à 10 milliards par ablution buccale, et je dois ajouter que, parmi ces microbes qui avaient élu domicile dans les espaces interdentaires et à la surface de la muqueuse de la bouche, un assez grand nombre déterminèrent rapidement la mort des cobayes et des souris auxquels ils furent inoculés.

Vouloir se débarrasser complètement de tous les microbes est une conception utopique; d'ailleurs, beaucoup de nos aliments ne doivent-ils pas leur tendreté, leur saveur spéciale et fort appréciée à la collaboration active et recherchée de certaines bactéries? Le but des filtres est surtout, et c'est là le seul point à retenir, de nous débarrasser des microbes *dangereux* amenés dans les eaux par les manipulations industrielles, par le lavage du linge souillé des déjections des malades, ou encore par l'écoulement direct des eaux d'égout dans les rivières. Quant aux microbes de l'air, si les eaux pures et filtrées peuvent en introduire quelquefois dans notre intestin, il est, je le répète, un acte physiologique, celui de la respiration, qui se charge de compléter singulièrement cette infection au point de vue du nombre et de la variété des espèces bactériennes et cryptogamiques.

Stérilisation des eaux potables par la chaleur.

Quand on chauffe une eau commune de la température ordinaire à 100°, elle perd une grande partie des organismes microscopiques qu'elle renferme, mais non pas tous, ainsi qu'il résulte des travaux déjà anciens de MM Pasteur, Chamberland et Brefeld; M. le professeur Tyndall a, il est vrai, soutenu une opinion contraire, à laquelle les faits expérimentaux viennent malheureusement donner un démenti.

Voici les expériences que j'ai instituées il y a environ sept années pour établir la disparition progressive des bactéries dans les eaux soumises à l'action de la chaleur (¹). Dans une marmite de fonte d'une capacité de 4^{lit} à 5^{lit}, préalablement portée vers 300° et refroidie, on introduit l'eau sur laquelle on veut expérimenter. Cette eau fait immédiatement l'objet d'une première analyse, puis on la porte brusquement, par exemple, à 45°; après l'avoir maintenue un quart d'heure à cette température, on fait un second dosage; nouvelle ascension brusque de l'eau à 50°, puis, après 15 minutes, nouvelle analyse; ainsi de suite jusqu'à 100. Un système de chauffage assez puissant doit permettre l'élévation très rapide du liquide aux étapes thermométriques indiquées; dans mes expériences, la durée de ces ascensions successives n'a pas excédé une demi-minute.

En second lieu, pour calculer la rapidité avec laquelle l'eau ainsi traitée, abandonnée à l'air, à la chute des impuretés atmosphériques, et aux germes des microbes qui ont résisté à 100°, récupère un chiffre d'organismes équivalent au chiffre primitif, il suffit d'échelonner de nouveaux dosages de 12^h en 12^h ou de 24^h en 24^h; je n'ai pas besoin de le dire, ces expériences doivent être évidemment entourées des précautions usitées en micrographie; les pipettes servant à prélever l'eau doivent être rigoureusement purgées de germes, et les thermomètres plongés dès le début dans l'eau pour en mesurer le degré de chaleur

(¹) *Semaine Médicale*, n° 31; juillet 1884.

doivent être stérilisés soit à une haute température, si leur échelle le comporte, soit au moyen des acides ou du sublimé.

Le Tableau I, ci-dessous reproduit, a été obtenu avec de l'eau de la Seine (?) puisée en juin 1884 au robinet de mon laboratoire de l'Observatoire de Montsouris.

TABLEAU I.

Eau de la Seine du bassin de Villejuif (?).

Température de l'eau.		Bactéries par centimètre cube
20°		464
45°	pendant 15 minutes	396
55°	»	33
65°	»	20,8
75°	»	9,6
85°	»	6,6
95°	»	2,8
100°	»	3,3

La même eau abandonnée à 24° après l'ébullition donne :

Après 24 heures	2,4
Après 48 heures	116

A une dizaine de jours d'intervalle, une nouvelle expérience est faite de la même façon avec de l'eau de la Seine puisée à Ivry, au voisinage des pompes élévatoires de Port-à-l'Anglais.

Les résultats obtenus sont consignés dans le Tableau II.

TABLEAU II.

Eau de la Seine, puisée à Ivry.

Température de l'eau.		Bactéries par centimètre cube
22°		848
43° pendant 15 minutes		640
50°	»	132
60°	»	40
70°	»	27,2
80°	»	26,4
90°	»	14,4
100°	»	5,2

La même eau abandonnée à 27° après l'ébullition donne :

Après 24 heures	2,6
Après 48 heures	1072

Les Tableaux I et II prouvent que le chiffre des bactéries des eaux potables va en diminuant avec des vitesses variables de la température ordinaire, à 100°. L'explication de ce fait a été fournie par mes recherches antérieures sur la résistance des schizomycètes à la chaleur ([1]).

De la température ordinaire à 45°, on voit les eaux s'appauvrir faiblement en bactéries, ce qui tient à ce que la plupart des microbes supportent assez aisément ce degré de chaleur déjà désagréable pour les espèces animales; cependant plusieurs micrococcus et quelques bactériums fragiles sont fortement touchés, et, si la température de 45° est longtemps maintenue, on les voit disparaître peu à peu et pour toujours.

([1]) *Annuaire de Montsouris* pour l'an 1881, § VII, p 453.

A 50° et 55°, les Tableaux accusent une baisse très considérable (de 10 à 1) dans le nombre des organismes microscopiques vivant dans les eaux potables, ce qui est dû à la disparition prompte et définitive des bactériums communs et de beaucoup de microcoques. A 60°, les mucédinées, les algues et la majorité des coccus périssent à leur tour..

De 60° à 80°, l'analyse quantitative n'accuse pas une diminution bien sensible du chiffre des microbes; à l'exception de quelques espèces rares qui ont la singulière faculté de pulluler vers 70°, les bactéries adultes sont mortes et le liquide ne renferme plus que leurs germes qui vont à leur tour s'affaiblir et disparaître plus ou moins complètement sous l'action croissante de la chaleur.

Les liquides nutritifs ensemencés avec de l'eau portée entre 60° et 70° se peuplent à peu près exclusivement d'espèces bacillaires.

Après 15 minutes d'ébullition, les échantillons d'eau sur lesquels j'ai opéré renfermaient encore en moyenne quatre germes de bacilles par centimètre cube.

Je désire surtout insister sur ce point capital, à savoir, que l'ébullition maintenue pendant quelques temps purge l'eau d'organismes microscopiques dans la proportion de 995 sur 1000. Ces chiffres n'ont rien d'absolu et dépendent, on le comprend aisément, de la nature des microbes répandus dans les eaux. Si une eau renferme uniquement des bactériums et des microcoques, une ébullition de quelques minutes suffit pour la purifier complètement; si, au contraire, les germes des bacilles y sont nombreux, sa purification est lente, pénible, incomplète, et ne peut être obtenue même au prix d'une température de 100° soutenue pendant plusieurs heures.

Plus récemment mon élève et ami M. Wada, ingénieur, chef du service météorologique à l'Observatoire impérial de Tokio, s'est livré dans mon laboratoire à quelques recherches analogues dont les résultats sont consignés dans les Tableaux III et IV. Cet expérimentateur n'a pas opéré d'une façon identique à celle qui a été décrite plus haut; l'eau puisée au robinet était introduite dans un vase métallique de faible dimension, puis élevée assez rapidement à 50°, dans une seconde expérience, à 60°, 70°, etc. Chaque fois on notait la durée de l'ascension de la température, qui a varié de 3 à 10 minutes; enfin, la température que l'on voulait obtenir, maintenue pendant 10 minutes, on procédait à l'analyse par ensemencement dans des plaques de gélatine peptonisée.

TABLEAU III.

Eau de l'Ourcq.

Température de l'eau.	Bactéries par centimètre cube
14°	460 800
50° pendant 10 minutes	600
60° »	(60)
70° »	88,8
80° »	62,4
90° »	26,4
100° pendant 10 minutes	0,5
100° pendant 20 minutes	0,0

TABLEAU IV.

Eau de la Vanne, puisée au réservoir de Montrouge.

Température de l'eau.	Bactéries par centimètre cube.
13°	4800
50° pendant 10 minutes	175
60° »	»
70° »	3
80° »	1,7
90° »	0,3
100° »	0
100° pendant 20 minutes	0

Les expériences de M. Wada, comme celles auxquelles je me suis livré, démontrent que c'est entre les températures de 14° et de 50° que disparaissent la majeure partie des micro-organismes des eaux. Passé 90°, ils deviennent excessivement rares ; à 100°, on constate difficilement la survivance d'une bactérie par centimètre cube quand on emploie la gélatine nutritive.

Ces eaux, si appauvries en micro-organismes par quelques minutes d'ébullition, récupèrent assez rapidement le chiffre des bactéries perdues, quand on les abandonne au contact de l'air (*voir* les Tableaux I et II). Généralement le chiffre des bactéries a plutôt diminué qu'augmenté après une attente de 24 heures, ce qui tient vraisemblablement à l'action poursuivie de la chaleur après l'ébullition et pendant le refroidissement du vase, mais 48 heures plus tard la pullulation des bactéries est telle que ces eaux chauffées se chargent d'un nombre de bactéries habituellement supérieur à celui qu'elles accusaient avant d'être soumises à l'action de la chaleur. On sait que ce phénomène est dû à la destruction des virus bactériens.

De cet ensemble de faits, on peut conclure qu'en l'absence de filtres parfaits, on débarrasse les eaux suspectes de presque tous les microbes qu'elles renferment en les chauffant durant quelques minutes. L'expérience ayant démontré, d'autre part, qu'il n'existe pas de bactéries pathogènes dont les germes puissent résister à 100°, on peut conclure que l'ébullition préalable des eaux est un moyen prophylactique certain contre les épidémies qui ont pour origine la diffusion des bactéries par les eaux potables.

L'eau portée à 110°-115°, pendant un quart d'heure, ensemencée à la dose de un à plusieurs litres dans des milieux favorables à la culture des bactéries, se montre rigoureusement privée de tout germe; c'est en se basant sur ce fait que plusieurs industriels ont construit des appareils destinés à stériliser les eaux jugées pathogènes. L'appareil qui semble remplir les meilleures conditions à cet égard a été récemment construit par MM. Rouart et Geneste-Herscher.

Cet appareil (voir *fig.* 25) se compose : 1° d'une chaudière A; 2° d'un échangeur B; 3° d'un clarificateur D, et, quand cela est nécessaire, d'un complément d'échangeur C.

La chaudière est formée d'un serpentin E dans lequel circule l'eau à purger de germes et d'un petit réservoir A servant de régulateur. L'échangeur consiste en un serpentin F dans lequel passe l'eau stérilisée; ce serpentin est enfermé dans un récipient B parcouru par l'eau à stériliser; le complément d'échangeur C comprend un serpentin, faisant suite à l'échangeur B et placé dans un réservoir ouvert à sa partie supérieure; enfin, le clarificateur D est simplement un appareil filtrateur formé de couches de gravier superposées; il est destiné à arrêter au passage les matières tenues en suspension dans l'eau portée à haute température.

La stérilisation s'opère de la façon suivante :

L'eau de la ville amenée par un robinet dans le

Fig. 25.

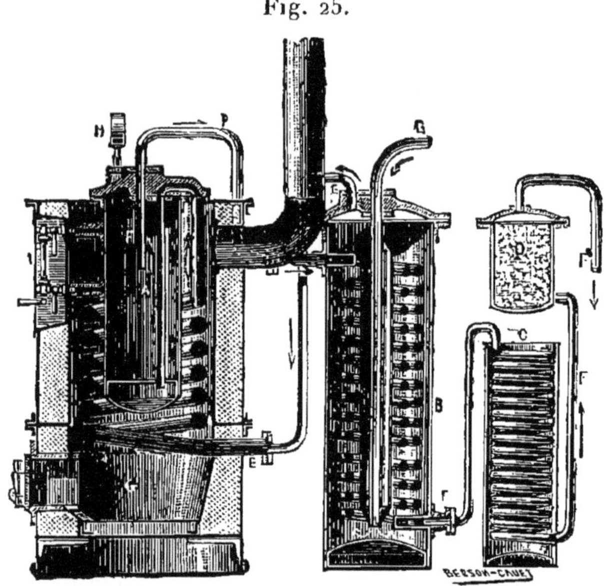

Appareil de MM. Rouart et Geneste-Herscher pour stériliser les eaux à haute température.

tube E pénètre dans le récipient B contenant le serpentin, puis se dirige suivant les flèches en passant par le tube en S, EE, dans le serpentin de chauffage disposé dans l'intérieur du fourneau ; durant ce parcours, l'eau est portée à une haute température et pénètre dans la petite chaudière ; puis, en ressort par la tubulure FF.

traverse le serpentin de l'échangeur, le complément d'échangeur C, si cela est nécessaire, et enfin se clarifie à travers le filtre de sable D.

L'échangeur a pour effet de réaliser une économie dans le combustible; par son emploi, l'eau à stériliser s'échauffe et l'eau stérilisée se refroidit; elle arrive dans le serpentin du fourneau à une température déjà élevée.

La marche du liquide à stériliser est réglée de façon telle que l'eau soit portée, pendant dix minutes à un quart d'heure, à une température comprise entre 115° et 130°; avant de commencer l'opération, pour purger de germes les serpentins de l'échangeur et du clarificateur, on dirige dans le système un courant de vapeur sous une pression de deux atmosphères environ, ce qui équivaut à un lavage avec un élément stérilisant porté à 135°; les constructeurs de cet appareil estiment qu'il suffit de 1^{kg} de charbon pour stériliser 100^{lit} d'eau; ils en préconisent l'emploi dans les lieux et localités où règnent des épidémies dues à l'ingestion d'une eau potable souillée de microbes pathogènes, dans les hôpitaux, les casernes et en un mot dans les localités où on a lieu de suspecter que les habitants seront assez négligents des règles de l'hygiène élémentaire pour s'abstenir de soumettre les eaux contaminées, soit à la stérilisation par l'ébullition, soit au moyen de filtres reconnus d'un usage excellent.

Les municipalités et les administrations ne sauraient, en effet, trop se préoccuper de servir aux habitants des villes et des campagnes, aux enfants des écoles, aux soldats des casernes, aux marins, etc., une eau d'une pureté microbienne à peu près absolue, et veiller à ce qu'aucune cause de contamination directe ou indirecte puisse polluer les cours d'eau et les sources. Dans le cas où une épidémie prendrait naissance, il serait de leur devoir de déclarer comme obligatoire, et au besoin d'imposer, l'usage des eaux stérilisées soit au moyen de filtres efficaces, soit bouillies à 100° ou à une température plus élevée. La vie d'un homme a bien sa valeur à côté du prix insignifiant auquel revient le litre d'eau purgée de germes qu'il peut consommer en vingt-quatre heures.

FIN.

TABLE DES MATIÈRES.

CHAPITRE III.

DE L'ANALYSE QUANTITATIVE.

CHAPITRE IV.

ANALYSE QUALITATIVE.

CHAPITRE V.

RÉSULTATS GÉNÉRAUX DE L'ANALYSE MICROGRAPHIQUE DES EAUX.

FIN DE LA TABLE DES MATIÈRES.

16870 Paris. — Imp. Gauthier-Villars et fils, quai des Grands-Augustins, 55.

16570 Paris. — Imprimerie GAUTHIER-VILLARS ET FILS, quai des Grands-Augustins, 55.

www.ingramcontent.com/pod-product-compliance
Ingram Content Group UK Ltd.
Pitfield, Milton Keynes, MK11 3LW, UK
UKHW021056230726
13926UKWH00004B/1890

9 782013 703581